Selbstständigkeit und freie Mitarbeit

Thomas Hammer · Walter Kiefl

Selbstständigkeit und freie Mitarbeit

Mit aktueller Rechtslage: Scheinselbstständigkeit

FALKEN

Im FALKEN Verlag sind zahlreiche Titel zu den Themen „Bewerbung/Beruf/Karriere“ erschienen. Sie sind überall erhältlich, wo es Bücher gibt.

Sie finden uns im Internet: **www.falken.de**

Dieses Buch wurde auf chlorfrei gebleichtem und säurefreiem Papier gedruckt.

Der Text dieses Buches entspricht den Regeln der neuen deutschen Rechtschreibung.

Bei diesem Buch handelt es sich um eine überarbeitete und aktualisierte Neuausgabe des bereits unter dem gleichen Titel mit der ISBN 3-8068-1891-6 erschienenen Buches.

ISBN 3 8068 2655 2

Umschlaggestaltung: Rincón[2] Design & Produktion GmbH, Köln
Titelbild: VCL/Bavaria Bildagentur, Gauting
Redaktion: Dr. Werner Brand
Herstellung: Petra Becker

Satz: FROMM MediaDesign GmbH, Selters/Ts.
Druck: Ludwig Auer GmbH, Donauwörth

817 2635 4453 6271

Inhalt

Die mit * Sternchen versehenen, halbfett gesetzten Begriffe werden im Glossar (ab Seite 147) erläutert.

Häufige Abkürzungen

AG	Aktiengesellschaft
AO	Abgabeordnung
AOK	Allgemeine Ortskrankenkasse
BBE	Betriebswirtschaftliche Beratungsstelle für den Einzelhandel
BDU	Bundesverband Deutscher Unternehmensberater e.V.
BfA	Bundesversicherungsanstalt für Angestellte
BG	Berufsgenossenschaft
BGB	Bürgerliches Gesetzbuch
BMWi	Bundesministerium für Wirtschaft
DEHOGA	Deutscher Hotel- und Gaststättenverband
DIHT	Deutscher Industrie- und Handelstag
ERP	European Recovery Program
EStG	Einkommenssteuergesetz
EU	Europäische Union
e.V.	Eidesstattliche Versicherung
GewO	Gewerbeordnung
GewSt	Gewerbesteuer
GfH	Gesellschaft für Handelsberatung
GmbH	Gesellschaft mit beschränkter Haftung
HGB	Handelsgesetzbuch
HK	Handwerkskammer
HR	Handelsregister
IHK	Industrie- und Handelskammer
IW	Institut der deutschen Wirtschaft e.V.
KfW	Kreditanstalt für Wiederaufbau
KG	Kommanditgesellschaft
KGaA	Kommanditgesellschaft auf Aktien
KGT	Kleingewerbetreibende
KöSt	Körperschaftsteuer
LAB	Lastenausgleichsbank
LfA	Landesanstalt für Aufbaufinanzierung
LSt	Lohnsteuer
LVA	Landesversicherungsanstalt
MBG	Mittelständische Beteiligungsgesellschaft
MwSt	Mehrwertsteuer
OHG	Offene Handelsgesellschaft
p. a.	per anno (pro Jahr)
PG	Partnerschafts-Gesellschaft
PR	Public Relations (Öffentlichkeitsarbeit)
RKW	Rationalisierungs-Kuratorium der Deutschen Wirtschaft
RVO	Reichsversicherungsordnung
Schufa	Schutzgemeinschaft für allgemeine Kreditsicherung
TÜV	Technischer Überwachungs-Verein
USt	Umsatzsteuer
VvU	Vereinigung von Unternehmerinnen e.V.
WJD	Wirtschaftsjunioren Deutschland
ZDH	Zentralverband des Deutschen Handwerks

Einführung

Nach wie vor erscheint vielen Menschen die berufliche Selbstständigkeit – sei es in den so genannten „freien Berufen" oder als Unternehmer (im weitesten Sinne) – erstrebenswert, und so gibt es Jahr für Jahr zahlreiche Firmenneugründungen (1999 waren es über 440 000 in Deutschland). Auch die Zahl der freiberuflich Tätigen nimmt zu – beides angesichts steigender Arbeitslosigkeit jedoch nicht immer ganz freiwillig. Immer öfter versuchen findige Geschäftsleute allerdings auch die Situation von Menschen auszunutzen, die nicht länger in einem festen Arbeitsverhältnis beschäftigt sein wollen oder können. Dies geschieht, indem sie ihnen z. B. über Kleinanzeigen für ein paar Mark neue Unternehmenskonzepte oder „absolut sichere Geschäftsideen" anbieten (besonders wenn man die Interessenten durch den Hinweis auf eine „einmalige Gelegenheit" unter Druck setzt) oder sie für einen * **Strukturvertrieb** einspannen möchten.

Auch bei Angeboten wie dem folgenden ist Vorsicht angebracht:

> ***Selbstbewusste Personen***
> mit Mut zur Selbstständigkeit, die sich zutrauen, **mit wenig Kapital,** aber viel Einsatz eine **gesicherte Existenz** aufzubauen, **gesucht.**
> Kurzinfo: ☎ **0 89 / 0 00 00**

Interessenten, die sich auf solch eine Anzeige hin melden und die nur Zeit, Telefongebühren und eine „Schutzgebühr" für wertlose Geschäftsideen oder überholte Adressenlisten verlieren, sind noch glimpflich davongekommen.

Schwieriger wird es, wenn sie einen Vertrag unterschrieben haben, der zur Zahlung für nicht ganz klar erkennbare und wenig nützliche Leistungen (z. B. Schulung ohne anerkanntes Zertifikat) verpflichtet. Neben solchen ausgesprochen unseriösen Anbietern gibt es aber noch weitere Fallstricke, in die man geraten kann, wenn sich die berufliche Selbstständigkeit als Scheinlösung für eine persönlich und/oder gesamtwirtschaftlich schwierige Situation anbietet (siehe Kapitel „Freie Mitarbeit").

Es gibt viele Ursachen dafür, dass nicht alle Unternehmensgründer und Freiberufler auf lange Sicht erfolgreich sind: Unzureichendes kaufmännisches und betriebswirtschaftliches Wissen, eine zu dünne Kapitaldecke, lückenhafte Fach- und Branchenkenntnisse, aber auch fehlende Informationen über Starthilfen oder Hemmungen, sich fachkundig beraten zu lassen, können dafür verantwortlich sein, dass auch ein an sich Erfolg versprechendes Konzept die schwierigen ersten Jahre nicht überlebt. Ein Teil dieser Misserfolge geht darauf zurück, dass am Anfang einer Gründung teilweise illusionäre Vorstellungen – z. B. bezüglich der in kurzer Zeit zu erzielenden Gewinne – bestehen. Vielfach wird auch die mit der beruflichen Selbstständigkeit verbundene Arbeitsbelastung unterschätzt. Oft fehlt es den Gründern an den notwendigen Informationen, oft haben sie die informativen und z. T. kostenlosen Broschüren zur Existenzgründung, wie sie etwa von den Industrie- und Handelskammern oder den Banken herausgegeben werden, nicht gründlich genug studiert. Es entsteht der Eindruck, dass sich manche Gründer ihren Anfangsoptimismus möglichst nicht durch den Hinweis auf die damit verbundenen Schwierigkeiten trüben lassen wollen.

Illusorische Vorstellungen vermeiden

Gleichwohl ist eine nüchterne, illusionslose Betrachtungsweise in diesem Bereich unabdingbar. Dazu gehört – neben einer realistischen Einschätzung der eigenen Fähigkeiten und Grenzen – auch das Bemühen, sich über die Motive für die berufliche Selbstständigkeit klar zu werden. Dies, ein tragfähiges Konzept und eine gründliche und kritische Prüfung der Voraussetzungen werden manche trügerische Illusionen zerstören. Andererseits gibt es aber auch viele Menschen, die gute Vorbedingungen für die insgeheim erstrebte Selbstständigkeit mitbringen, sich die Erfüllung dieses Wunsches aber versagen, weil sie glauben, dafür nicht hinreichend qualifiziert oder unüberwindlichen Schwierigkeiten ausgesetzt zu sein.

Das vorliegende Buch kann – hoffentlich – einige Ermutigungen, Hinweise und Anregungen für eine Existenzgründung geben, aber natürlich keine Anweisungen, was Sie in einem konkreten Fall tun sollen oder wie groß die Chancen Ihrer Geschäftsidee bei all ihrer Besonderheit und Ihren persönlichen Umständen sind. Es liegt in der Natur der Sache, dass dies kein Ratgeber leisten kann. Sobald konkrete und fallbezogene Entscheidungshilfen notwendig werden, können Bücher allein nicht weiterhelfen. Deshalb werden Sie hier auch immer wieder den Hinweis finden, sich an kompetente Gesprächspartner bei der Industrie- und Handelskammer, bei Ämtern und Behörden, bei Banken und Unternehmervereinigungen usw. und an qualifizierte Steuer-, Wirtschafts- und Unternehmensberater zu wenden. Scheuen Sie sich nicht vor einem Gespräch, von dem Sie umso mehr haben, je besser Sie darauf vorbereitet sind, d. h. je gründlicher Sie Ihre eigene Entscheidung für die berufliche Selbstständigkeit unter möglichst vielen Gesichtspunkten durchdacht haben. Dazu soll Ihnen das vorliegende Buch eine kleine Hilfe sein.

Kompetente Gesprächspartner aufsuchen

Wenn Sie den Absprung wagen

Der Gründerboom ist ungebrochen

Der in der ersten Hälfte der 80er-Jahre einsetzende Gründerboom scheint trotz, oder vielleicht gerade wegen der schwieriger gewordenen Wirtschaftslage ungebrochen. Die meisten Gründer sind sich dabei des Risikos, das sie auf sich genommen haben, durchaus bewusst, denn vielen Neuanmeldungen stehen auch zahlreiche Abmeldungen gegenüber. Im Durchschnitt scheitern drei von vier Neuunternehmern innerhalb der ersten acht Betriebsjahre. Die meisten Gründer sind sich auch der Tatsache bewusst, dass sie – vor allem in der Anfangsphase – einen erheblichen Arbeitseinsatz leisten müssen, der weit über einen normalen 8-Stunden-Tag hinausgeht, und dass es oft lange dauert, bis ein hohes und sicheres Einkommen erzielt werden kann. Damit stellt sich die Frage, was so viele Menschen reizt, sich auf das risikoreiche Unterfangen der beruflichen Selbstständigkeit einzulassen.

Drei Gruppen von Selbstständigen

Zur Vermeidung von Missverständnissen wollen wir jetzt bereits auf die Unterscheidung von gewerblich Selbstständigen, Angehörigen freier Berufe (bzw. Freiberufler) und freien Mitarbeitern hinweisen, die uns im folgenden Abschnitt noch weiter beschäftigen wird. Die drei genannten Gruppen unterscheiden sich voneinander und heben sich insgesamt aber von abhängig Beschäftigten (Arbeitern und Angestellten) in mehrfacher Weise ab.

Der selbstständig Tätige

- trägt ein Unternehmerrisiko, das in der Ungewissheit eines wirtschaftlichen Erfolgs seiner Arbeit besteht, und unterliegt eigener wirtschaftlicher Verantwortung,
- ist nicht an Weisungen gebunden,
- bestimmt selbst über seinen Arbeitsplatz, seinen Arbeitsumfang und seine Arbeitszeiten.

Die Zuordnung eines Berufstätigen zu einer der beiden Kategorien ist jedoch nicht immer eindeutig. Fensterputzer können z. B.

als ★ **Kleingewerbetreibende** selbstständig, aber innerhalb einer Reinigungsfirma abhängig beschäftigt sein. Fotomodelle und Mannequins gelten dann als selbstständig, wenn sie fallweise und vorübergehend und für mehrere Auftraggeber tätig sind; Kraftfahrer, wenn sich ihre Arbeit im Wesentlichen auf das Fahren eigener Fahrzeuge beschränkt und sie am Gewinn bzw. Verlust des Unternehmens beteiligt sind. Wer neben- oder hauptberuflich selbstständig arbeitet, muss dies nach den Paragraphen 138 der Abgabenordnung und 140 der Gewerbeordnung anzeigen (vgl. dazu „Gründungsvorbereitungen“ und „Was man mit Behörden regeln muss“); andernfalls handelt es sich um Schwarzarbeit.

Beweggründe für die berufliche Selbstständigkeit

Die zahlreichen Beweggründe bei der Entscheidung für die berufliche Selbstständigkeit lassen sich in zwei große Gruppen unterteilen, nämlich in Zug- und Druckmotive.

Zugmotive sind Motive, die zur beruflichen Selbstständigkeit hinziehen, so z. B. der Drang nach Selbstverwirklichung und größerer Entscheidungsfreiheit oder auch der Wunsch, mit einer neuen Idee viel Geld zu verdienen. Ausschlaggebend sind hier also freiwillige Initiative, Begeisterung und Enthusiasmus. Im Unterschied dazu wirkt bei den *Druckmotiven* entscheidend, dass unerwünschte Zustände (z. B. Arbeitslosigkeit, unangenehmer Vorgesetzter) vermieden werden; hier motiviert also eine befürchtete oder schon eingetretene Notlage.

Gründungen, die ihr Entstehen ausschließlich oder überwiegend solchen Ursachen verdanken, haben es in der Regel schwerer und sind besonders auf ausführliche und auch kritische Beschreibungen von neuen Geschäftsideen angewiesen.

Eine wertvolle Hilfe dafür bietet die Fachzeitschrift „Die Geschäftsidee“ (siehe Zeitschriftenhinweise im Anhang).

Häufig spielen beide Motivgruppen eine Rolle. Nicht selten kommt es auch vor, dass Zugmotive (z. B. Verwirklichung „neuer“ Geschäftsideen) nur vorgegeben werden, um die meist weniger bewussten Druckmotive (z. B. Vermeidung starr vorgegebener Reglementierungen in einem abhängigen Beschäftigungsverhältnis oder der Wunsch, nach demütigend empfundener Abhängigkeit nun endlich einmal selbst Chef zu sein und anderen Anweisungen geben zu können) vor sich selbst und vor anderen zu verbergen. Solche Selbst- und Fremdtäuschungen können mitunter verhängnisvoll sein.

Der Wunsch nach eigenverantwortlicher und selbstbestimmter Arbeit

Für und Wider beruflicher Selbstständigkeit

Gerade unter den härter gewordenen wirtschaftlichen Bedingungen, die sich in den Betrieben in zunehmender Reglementierung, im Wiedererstarken von Hierarchien und formalisierten Beziehungen und in der Verschlechterung des Betriebsklimas (z. B. durch Mobbing) auswirken, träumen viele Arbeitnehmer davon, lieber ihr eigener (kleiner) Herr zu werden als ein (auch großer) Knecht zu bleiben. Sie hoffen, durch eine eigene selbstständige Existenz wenigstens einem Teil der vielfältigen Zwänge, die mit einer abhängigen Stellung verbunden sind, zu entgehen und dabei auch eigene Geschäftsideen zu verwirklichen, also im weitesten Sinne auch schöpferisch tätig zu sein. Manche berücksichtigen dabei allerdings zu wenig, dass sie sich damit einer anderen Fremdbestimmung aussetzen und an die Stelle unangenehmer Vorgesetzter und kleinlicher Regelungen nun die Abhängigkeit von einem gnadenlosen Markt, einer gleichgültigen Bürokratie und von teilweise wenig gründerfreundlichen Kreditinstituten tritt. Ist der Wunsch nach einer selbstbestimmten, nicht betrieblichen Zwängen unterworfenen Arbeit das einzige Motiv, d. h. will man nur beruflich selbstständig sein – egal in welcher Branche –, so sollte man seine Entscheidung (dies gilt generell, wenn Druckmotive überwiegen) nochmals besonders gut durchdenken.

Mit der Befreiung von äußeren Zwängen ist es eigentlich nicht so weit her: Nur wenige Selbstständige können sich ihre Arbeitszeit wirklich frei einteilen. Grundsätzlich gilt, dass sich Arbeitseinsatz und Arbeitszeit nach den Kundenwünschen und nicht nach Ihren persönlichen Vorlieben richten müssen.

Ein Langschläfer sollte also nicht gerade eine Bäckerei eröffnen und ein Frühaufsteher keine Bar. Besteht wie bei manchen freien Berufen kein direkter Kundenkontakt, so ist man natürlich freier, doch ist es vorteilhaft, auch dann auf eine zeitliche Trennung von Beruf und Privatleben zu achten. Dies gilt besonders, wenn Arbeitsplatz und Wohnung zusammenfallen.

Der Wunsch nach einem hohen Einkommen

Manche Existenzgründer haben zunächst zu optimistische Erwartungen hinsichtlich des Ertrags ihrer Tätigkeit.

Auch wenn schließlich ein hohes Einkommen erreicht wird, so ist in vielen Fällen eine finanzielle Durststrecke zu überstehen, und nicht selten kommt es vor, dass das Einkommen unter das der letzten Angestelltentätigkeit sinkt und dass man zur Sicherung des Lebensunterhalts in der schwierigen Anfangsphase auch auf Ersparnisse zurückgreifen muss. Die entscheidende Frage ist, ob der von Ihnen geplante Betrieb (nach verfügbaren Informationen und realistischen Schätzungen) langfristig genug erwirtschaftet, um Ihre Existenz zu sichern.

Sicherung der eigenen Existenz

Im Unterschied zur abhängigen Beschäftigung weiß man als Selbstständiger oft gar nicht genau, was man nun eigentlich verdient; dies lässt sich erst nach einem längeren Zeitraum im Nachhinein ermitteln. Sowohl zwischen den Branchen als auch innerhalb der Branchen besteht bei der Ertragsermittlung eine große Streubreite. So gibt es z. B. im Bereich der Personenbeförderung sowohl selbstständige Taxifahrer mit einem Wagen als auch Busunternehmer mit über 50 Fahrzeugen.

Faktoren für unterschiedliche Unternehmereinkommen

Auch bei äußerlich gleichartigen Betrieben können sich durch das Zusammenwirken von einer Vielzahl weiterer Faktoren (Kundenkreis, Gewinnspanne, * **Humankapital** usw.) recht unterschiedliche Unternehmereinkommen ergeben.

Soll die Gründung nicht ein kostspieliges Hobby bleiben, so muss das Ziel darin bestehen, langfristig einen Gewinn zu erwirtschaften, der nicht nur den unmittelbaren Lebensunterhalt deckt, sondern auch eine (angemessene) Eigenkapitalverzinsung und die langfristige Substanzerhaltung des Betriebs sichert und auch noch die Bildung ausreichender Rücklagen erlaubt. In die Ermittlung des notwendigen Gewinns müssen somit folgende Posten eingehen: Lebenshaltungskosten der Familie, Wohnungsmiete, soziale Absicherung (Kranken- und Rentenversicherung einschließlich des Arbeitgeberanteils) und eventuell Lebensversicherung, sonstige vertragliche Verpflichtungen (Hypothekentilgung, Bausparvertrag etc.), Rücklagen für Krankheit und Urlaub. Auch die Einkommenssteuer bzw. die Vorauszahlungen dafür mindern das Einkommen und schmälern den Gewinn.

Lohnnebenkosten und Sozialleistungen

In der ersten Euphorie werden oft die vom Arbeitgeber ganz oder teilweise übernommenen Lohnnebenkosten und Sozialleistungen (Sozialversicherung, 13. Monatsgehalt, Urlaubsgeld usw.) übersehen. Diese Leistungen (immerhin bis zu etwa einem Drittel des Einkommens) müssen nun selbst übernommen werden. Um also dasselbe Einkommen wie vorher zu erzielen, müssen bis zu 50 % mehr eingenommen werden. Darauf werden wir im folgenden Kapitel näher eingehen.

Vermeidung von Arbeitslosigkeit

Vielen, die über Selbstständigkeit nachdenken, geht es aber zunächst gar nicht darum, ihr Einkommen zu verbessern, sondern sie wollen zunächst Einkommen erzielen oder drohender Arbeitslosigkeit zuvorkommen. Für sie gilt das Motto: „Lieber selber Chef als gar kein Chef".

Wenn auch einige davon langfristig erfolgreich sind, haben es doch die eher durch Druck- als durch Zugfaktoren zur Selbstständigkeit motivierten Unternehmer oft schwerer – nicht zuletzt deshalb, weil sie gleichsam mit dem Rücken zur Wand stehen und objektiv und subjektiv nur wenige Alternativen sehen, und verschiedentlich wohl auch, weil ihr Selbstbewusstsein durch die Erfahrung längerer Arbeitslosigkeit entsprechend angegriffen ist. Hinzu kommt, dass Gründer, die aus der Erwerbslosigkeit kommen, häufig auf Skepsis und Vorurteile stoßen, so z. B. bei Banken und Kammern, bei öffentlichen Stellen und im Beratungswesen. Im Widerspruch zu gegenteiligen Erfahrungen orientiert man sich selbst dort häufig noch an längst überholten Klischees. Ein erfolgreicher Unternehmensgründer muss den Eindruck eines dynamischen und gewandten Draufgängers mit einer Biografie ohne Krisen und Umbrüche erwecken. Viele innovative Gründer sind aber gerade auf mitunter recht verschlungenen Wegen und durch Misserfolge (nicht zuletzt durch eine von Arbeitslosigkeit erzwungene

Berufliche Neuorientierung

berufliche Neuorientierung) schließlich zu einer tragfähigen Geschäftsidee und ihrer soliden Umsetzung gekommen.

Dem wird erst nach und nach Rechnung getragen, z. B. durch den Berliner Senat, der seit 1990 demjenigen eine Existenzgründungsprämie gewährt, der sich aus der Erwerbslosigkeit in die

Selbstständigkeit begibt, soweit es sich dabei um wirtschaftsnahe und soziale Dienstleistungen und/oder um Gründungen in den Bereichen Umweltschutz, Abfallwirtschaft und moderne Medien und Kommunikationstechniken handelt. Bei einer Befragung dieser Neuunternehmer stellte sich u. a. ein bemerkenswert hohes Bildungs- und Qualifikationsniveau heraus, sie verfügen über umfangreiche praktische Kenntnisse und große Berufserfahrung. Die Hälfte der Befragten war älter als 50 Jahre; da sie aus Altersgründen nicht mehr mit einem neuen Arbeitsplatz rechnen konnten, erschien ihnen die Selbstständigkeit als einzige berufliche Perspektive. 84 % der Gründungen der ehemals Arbeitslosen entfielen auf den Dienstleistungsbereich, 10 % auf den Handel und 6 % auf Handwerk und verarbeitendes Gewerbe. Zwei Drittel der Befragten entschieden sich bei der Rechtsform für das Einzelunternehmen, vermutlich auch, weil es sich dabei um die einfachste Gesellschaftsform handelt.

Einzelunternehmen als einfachste Gesellschaftsform

Sowohl die Berliner Befragung als auch entsprechende ausländische Untersuchungen zeigen, dass die aus der Arbeitslosigkeit gegründeten Unternehmen recht stabil sind, d. h. dass die hier ausgegebenen Mittel auch unter dem Gesichtspunkt der Bekämpfung der Arbeitslosigkeit gut angelegt sind (siehe hierzu den Band „Existenzgründung" von Gabriele Kaufmann in den Literaturhinweisen im Anhang). In Anbetracht der oft schwierigen persönlichen Situation der Arbeitslosen sind solche Erkenntnisse ausgesprochen ermutigend.

Soziales und ökologisches Engagement

Obgleich in Teilen der Öffentlichkeit immer noch das Klischee vom in erster Linie nur an Gewinnmaximierung und Ausbeutung interessierten Unternehmer besteht, verdanken viele neue Firmen ihre Existenz dem sozialen und/oder ökologischen Engagement ihrer Gründer. Beispiele dafür sind private Alten- und Pflegedienste, neue kleine Firmen, die sich auf Entwicklung und Vertrieb innovativer Umwelttechnologien spezialisiert haben, Fahrradwerkstätten, Druckereien und Verlage. In diesem Zusammenhang ist auch auf die in nahezu allen größeren Städten gegründeten „Carsharing"-Unternehmen hinzuweisen, die aus dem Bestreben engagierter Umweltschützer entstanden sind, die durch den privaten Autoverkehr verursachten ökologischen Belastungen zu reduzieren. Einige dieser Unternehmen, die sich häufig dem alternativen Bereich zuordnen, arbeiten auf * **genossenschaftlicher** Basis. Sie sind damit durch das Genossenschaftsgesetz definiert als Gesellschaft mit nicht geschlossener Mitgliederzahl, die wirtschaftliche Zwecke verfolgt, jedoch primär keine eigenen Gewinnabsichten hat, sondern zur Förderung der Ziele ihrer Mitglieder gegründet wurde. Diese Bestimmung ist natürlich dehnbar, indem man das Streben nach Gewinn als Ziel der Mitglieder definiert.

Innovative Umwelttechnologien

Für gesellschafts- und umweltpolitisch motivierte und idealistische Menschen ergibt sich jedenfalls eine Fülle von Möglichkeiten, ihre Vorstellungen durch die Gründung einer entsprechenden selbstständigen Existenz umzusetzen. Ungeachtet des besonderen Engagements unterliegen solche Betriebe aber auf Dauer genauso den üblichen Rentabilitäts- und Marktbedingungen, etwa bei der Kapitalbeschaffung und Preisgestaltung. Ein gewisser Spielraum besteht bei den Unternehmergewinnen und Lohnkosten, indem bewusst zugunsten der übergeordneten Zielsetzung Abstriche akzeptiert werden.

Ihre persönliche Lebens- und Zukunftsplanung

Neben den Motiven für die Selbstständigkeit ist es auch wichtig, sich über die grundsätzlichen Ziele Ihres Vorhabens Klarheit zu verschaffen. Machen Sie sich Gedanken über den Stellenwert, den die Gründung für Ihre persönliche Lebens- und Zukunftsplanung einnimmt.

ZIELE IHRER EXISTENZGRÜNDUNG

- Möchte ich mein ganzes Leben in dieser Branche selbstständig tätig sein oder geht es mir vorwiegend darum, in kurzer Zeit viel Geld zu verdienen?
- Soll die Gründung meine einzige (oder wichtigste) Existenzgrundlage sein oder soll sie (wenigstens vorläufig) nebenher laufen, z. B. als Hobby, das auch etwas Geld einbringt?
- Beruht Ihr Konzept auf einem lokalen Markt (z. B. Haushaltswarengeschäft), einem regionalen Markt oder wollen Sie auch bzw. vorwiegend überregional tätig sein (z. B. als Versandhandel)?
- Wendet sich Ihr Konzept an einen breiten Kundenkreis (z. B. Spielwaren) oder richtet es sich an einen speziellen Kundenkreis (z. B. Modellauto-Sammler)?
- Zielt Ihr Vorhaben eher auf preisgünstige Produkte/Dienstleistungen (z. B. Taschenbücher in einer Buchhandlung) oder auf Produkte in der gehobenen Preisklasse (z. B. bibliophile Buchausgaben)?
- Handelt es sich bei Ihrem Vorhaben um herkömmliche Angebote (z. B. bei einem Reisebüro: Pauschalurlaub am Mittelmeer)? Oder handelt es sich eher um neuartige Produkte/Dienstleistungen (z. B. Überlebenstraining im brasilianischen Urwald)?
- Steht bei Ihrem Vorhaben im Vordergrund, ein ausreichend stabiles Einkommen zu erzielen (z. B. durch Lebensmittelverkauf im Einzelhandel), oder wollen Sie einen möglichst hohen Gewinn in kurzer Zeit erzielen (z. B. durch den Verkauf von Konkurswaren)?

Stellenwert Ihrer Existenzgründung

Die Motive und Ziele sind nicht unabhängig von den Voraussetzungen und von persönlichen Eigenschaften eines Gründers und den zentralen Einstellungen, die sein unternehmerisches Handeln bestimmen. All dies muss – mehr oder weniger – mit den Erfordernissen und Bedingungen in den jeweiligen Wirtschaftszweigen korrespondieren. Während man sich in manchen Branchen eine eher defensive „Nischenmentalität" leisten kann, erfordern andere eine offensive, auf rasches Wachstum ausgerichtete Orientierung.

Anregungen für Geschäftsideen

Wichtiger als das, was Sie an Ideen einbringen können, ist die Frage nach dem, was der Markt hergibt.

Während Sie sich als Anbieter nämlich darauf einstellen können und müssen, werden die Marktbedingungen sicher keine Rücksicht auf Ihre Fähigkeiten, Angebote und Vorlieben nehmen. Es macht jedenfalls keinen Sinn, Kapital, persönlichen Einsatz und Risiko in eine Branche zu investieren, in der die Konkurrenz gut eingeführt, stark und groß ist, oder die – noch schlimmer – insgesamt schlechte Zukunftsaussichten hat. Dies abzuschätzen ist nicht leicht. Immerhin gibt es aber dazu viele Hilfen.

Hilfen in Anspruch nehmen

Neben der reichhaltigen Literatur zur Existenzgründung (vgl. dazu auch die Literaturhinweise im Anhang), den Beratungsangeboten verschiedener Experten und öffentlicher Stellen (z. B. bei den Industrie- und Handelskammern) und den meist sehr guten Fachzeitschriften hält auch das alljährlich erscheinende Branchenverzeichnis („Gelbe Seiten") viele Anregungen bereit.

Darüber hinaus ist es aber unabdingbar, sich über wissenschaftliche, technische, wirtschaftliche, kulturelle und soziale Entwicklungen auf dem Laufenden zu halten – auch wenn Sie zunächst keine unmittelbaren Beziehungen zu Ihrer Geschäftsidee sehen. U. a. sind dabei zu berücksichtigen:

- *demographische Trends*, etwa die Zunahme der älteren Bevölkerung. Daraus ergeben sich z. B. für Selbstständige gute Chancen im Pflegebereich (Altenbetreuung, Altenheime, Besorgungsdienste), wenn auch die Mittel dieser Personengruppe begrenzt sind. Auch die hohen Zuwanderungszahlen aus den Staaten der EU und dem weiteren Ausland bieten für manche Branchen und Tätigkeiten neue Möglichkeiten (z. B. für Übersetzungsdienste, Sprachen- und Pauk-Studios, Verlage für Unterrichtsmaterialien, soziale Dienste u. a. m.).

Entwicklungen im Auge behalten

- *Trends auf dem Arbeitsmarkt*, z. B. der weiterhin andauernde Rückgang der Beschäftigtenzahlen in der Produktion, sei es durch weitere Rationalisierungen oder durch Verlagerung von Arbeitsplätzen in Billiglohnländer, und gleichzeitig das Wachstum des Dienstleistungssektors (z. B. Service- und Beratungstätigkeiten, Kommunikation, Werbeagenturen, Datenbankenservice, Finanzdienstleistungen, Hotel- und Gaststättengewerbe). Von besonderem Interesse für zukünftige Existenzgründer ist auch die weiterhin zunehmende Tendenz, dass Großunternehmen Aufgaben nach außen verlagern und bestimmte Arbeiten durch Freiberufler, freie Mitarbeiter oder Kleinunternehmer ausführen lassen (z. B. Buchhaltungsservice, Reisekostenabrechnungsservice usw.). Für Großbetriebe ist „Outsourcing" mit erheblichen Vorteilen verbunden (Mitarbeiterzahl und Arbeitnehmernebenkosten können niedrig gehalten und Mitbestimmungsrechte umgangen werden). Dies geht zulasten des gezwungenermaßen „Schein-Selbstständigen" (Übernahme von Unternehmerrisiken, keine soziale Absicherung, Abhängigkeit von einem Auftraggeber, Einnahmeausfälle bei Auftragsrückgang usw.).

  Im Rahmen der aus Einsparungsgründen geforderten Privatisierung werden auch weiterhin im öffentlichen Dienst Arbeitsplätze verloren gehen (z. B. Müllabfuhr, Bäder usw.). Damit eröffnen sich auch Chancen für neue private Anbieter.
- *Trends in den Konsum- und Einkaufsgewohnheiten* (z. B. Erlebniskauf, Erlebnisgastronomie, telefonische und Online-Bestelldienste, Leasing usw.).
- *weitere gesamtgesellschaftliche Entwicklungen*, wie z. B. die vermutlich noch weiter ansteigende Kriminalität (Bedürfnis nach Sicherheits- und Wachdiensten), die Zunahme internationaler Kontakte und Verflechtungen (Arbeitsfelder für Dolmetscher- und Übersetzertätigkeiten) und die wachsende Bedeutung des Umweltschutzes (Trend zur Reparatur, Notwendigkeit der Ent-

sorgung, Wiederverwertung, spezielle Beratertätigkeiten). Diese Entwicklungen lassen neue und ausbaufähige Marktnischen entstehen.

FAZIT

Als Selbstständiger müssen Sie sich darauf einstellen,

- einen hohen persönlichen Arbeitseinsatz zu leisten;
- sich einem ständigen Wettbewerb zu stellen und ständig flexibel und anpassungsbereit auf Marktveränderungen zu reagieren;
- mit dem Risiko zu leben, Ihr Kapital zu verlieren;
- mit einem schwankenden, nicht immer genau vorher bestimmbaren Einkommen auszukommen und
- sich ständig an den Marktbedingungen zu orientieren und zukünftige Entwicklungen im Auge zu behalten.

Freie Mitarbeit

Immer mehr Unternehmen gehen dazu über, Arbeitsplätze abzubauen und gleichzeitig einen Teil der anfallenden Arbeit von freien Mitarbeitern erledigen zu lassen. Der Hintergrund ist der, dass zum einen der bei fest angestellten Mitarbeitern recht hohe Fixkostenanteil durch variable Kosten ersetzt werden soll, zum anderen umgehen mit dieser Personalpolitik manche Unternehmen auch ganz bewusst die Bestimmungen der geltenden Tarifverträge und vermindern auf diese Art und Weise den Einfluss von Betriebsrat und Gewerkschaften. Der Trend zieht sich mittlerweile durch alle Branchen, und besonders im Bereich der Dienstleister wie Werbeagenturen, Finanzdienstleister, EDV-Firmen und Fuhrunternehmen ist das Engagieren von freien Mitarbeitern eine durchaus gängige Praxis der Zusammenarbeit.

Trend zur freien Mitarbeit

Dennoch gilt es, vorsichtig zu sein, wenn man als Angestellter das Angebot erhält, seinen Arbeitsplatz gegen die Beschäftigung als freier Mitarbeiter einzutauschen. Hier werden seitens der Auftraggeber (nicht selten des früheren Arbeitgebers) oft Risiken verschwiegen, zusätzliche finanzielle Belastungen verniedlicht, und die unternehmerische Selbstständigkeit des freien Mitarbeiters wird vertraglich manchmal derart eingeschränkt, dass er letztlich nur noch ein abhängiger Arbeitnehmer ohne jeglichen Kündigungsschutz ist. Deshalb ist es unerlässlich, sich vor dem Umstieg vom Angestellten zum freien Mitarbeiter sorgfältig über die rechtlichen und wirtschaftlichen Konsequenzen dieses Schrittes zu informieren.

Rechtliche und wirtschaftliche Konsequenzen

Da der freie Mitarbeiter in rechtlicher Hinsicht ein selbstständiger Unternehmer ist, finden Sie als freier Mitarbeiter in den nachfolgend genannten Kapiteln wichtige Informationen:

Wenn Sie auf Partnersuche sind

Als freier Mitarbeiter binden Sie sich an einen festen Kooperationspartner, der Kunde oder Lieferant sein kann. Was Sie vor einer solchen „Ehe“ beachten sollten, finden Sie in diesem Kapitel.

Umgang mit Behörden

Als freier Mitarbeiter müssen Sie in der Regel eine Umsatzsteuererklärung erstellen, Sie sind eventuell gewerbesteuerpflichtig, und in manchen Fällen sind gesetzliche Regelungen bei Konzessionen und Lizenzen zu beachten.

Der Alltag im Betrieb

Wie bekomme ich meine Verwaltungsaufgaben in den Griff? Was ist zu tun, wenn der Auftraggeber nicht bezahlt? Was ist bei der Kalkulation zu beachten? Die Antworten auf solche Fragen des betrieblichen Alltags finden Sie in diesem Kapitel.

Vergessen Sie die Vorsorge nicht

Als freier Mitarbeiter unterliegen Sie nicht mehr der Sozialversicherungspflicht. Wie andere Selbstständige auch, sind Sie bei der Krankenversicherung und der Vorsorge für das Rentenalter auf sich selbst gestellt. Hier finden Sie Tipps, wie Sie Fehlentscheidungen bei der persönlichen Vorsorge vermeiden können.

Keine uneingeschränkte Entscheidungsfreiheit

Doch die „große Freiheit", die der Traum so manchen Existenzgründers ist, können Sie als freier Mitarbeiter nicht in vollen Zügen genießen, da Sie zwar kein abhängiger Arbeitnehmer mehr sind, aber dennoch keine uneingeschränkte Entscheidungsfreiheit besitzen. Hinzu kommt, dass Sie sich bei einseitiger Bindung an einen einzigen Auftraggeber der Gefahr aussetzen, von den Sozialversicherungsträgern als „scheinselbstständiger" Arbeitnehmer eingestuft zu werden. Die Folge: Sowohl Sie selbst als auch Ihr Auftraggeber müssten Sozialversicherungsbeiträge für die vergangenen Jahre nachträglich entrichten – eine finanzielle Belastung, die Sie unter Umständen Ihre Existenz kosten könnte. Wie die rechtlichen Regelungen zu diesem heiklen Thema konkret aussehen, lesen Sie im nächsten Kapitel.

Die freie Mitarbeit ist nicht nur eine formale Alternative zum Angestelltendasein. Wenn Sie sich dafür entscheiden, als Existenzgründer zunächst einmal schwerpunktmäßig oder auf Projektbasis für einen Auftraggeber als freier Mitarbeiter tätig zu sein, sollten Sie sich über die rechtlichen und finanziellen Konsequenzen im Klaren sein. Denken Sie in aller Ruhe über die folgenden Punkte nach:

Sie verlieren jeglichen Kündigungsschutz. Als Angestellter haben Sie nicht nur die Kündigungsfrist, die Ihr Arbeitgeber einhalten muss, sondern je nach Betriebszugehörigkeit, Alter und Familienstand einen besonderen Kündigungsschutz. Will Ihr Arbeitgeber Sie entlassen, muss er Ihre soziale Situation vorher berücksichtigen, und auch der Betriebsrat muss zustimmen. Außerdem haben Sie je nach Dauer der Betriebszugehörigkeit ein Recht auf eine angemessene Abfindung. All diese Vorteile geben Sie beim Umstieg auf freie Mitarbeit auf: Wenn Sie nicht mehr gebraucht werden, kann die Zusammenarbeit mit Ihnen ohne Angabe von Gründen von heute auf morgen aufgelöst werden.

Aufkündigung der Zusammenarbeit

Sie haben keinen Anspruch auf Arbeitslosengeld. Als freier Mitarbeiter zahlen Sie keine Beiträge mehr zur gesetzlichen Arbeitslosenversicherung, da Sie ja kein Arbeitnehmer, sondern selbstständig sind. Die Folge davon ist, dass Sie kein Arbeitslosengeld erhalten, wenn Sie Ihren Auftraggeber verlieren.

Sie müssen für Ihre Sozialversicherung selbst aufkommen. Als Arbeitnehmer haben Sie es einfach: Die Prämien für Kranken-, Renten-, Arbeitslosen- und Pflegeversicherung sind festgelegt und werden zur Hälfte von Ihnen und zur Hälfte von Ihrem Arbeitgeber bezahlt. Nun haben Sie die Wahl zwischen einer Vielzahl von privaten und gesetzlichen Vorsorgeformen. Zwar erscheint manches auf den ersten Blick billiger und lukrativer, doch wenn Sie am Ende die gleiche Leistung haben wollen, bezahlen Sie als freier Mitarbeiter mehr als ein Angestellter, dessen Beiträge zur Hälfte vom Arbeitgeber finanziert werden.

Sie erhalten außer Ihrem Honorar keine zusätzlichen Leistungen. Die Leistungen, die ein Arbeitgeber für seine Mitarbeiter zusätzlich zum eigentlichen Gehalt erbringt, summieren sich meist zu einem ordentlichen Betrag: Urlaubs- und Weihnachtsgeld, Fahrtkostenerstattung, vermögenswirksame Leistungen und Zuwendungen bei Heirat oder Geburt sind nur einige Beispiele. Auf all diese zusätzlichen Einnahmequellen müssen Sie als freier Mitarbeiter verzichten – doch dies ist nicht alles: Ihr Urlaub wird nicht mehr vom Arbeitgeber finanziert, sondern ist ab sofort „unbezahlt".

Verzicht auf zusätzliche Leistungen

Sie haben keinen Anspruch auf Lohnfortzahlung. Der Angestellte, der krank wird, erhält vom Arbeitgeber sechs Wochen lang mindestens 80 Prozent seines Gehalts. Im Krankheitsfall schauen Sie als freier Mitarbeiter in die Röhre – es sei denn, Sie haben zusätzlich zu Ihrer Krankenversicherung eine Krankentagegeldversicherung abgeschlossen, die Ihnen pro Tag eine vorher festgelegte Summe bezahlt, wenn Sie krank werden. Doch diese Versicherung kostet Sie einen nicht unerheblichen Zusatzbeitrag.

Wirtschaftliches Risiko

Sie können also in jedem Fall davon ausgehen, dass Ihr wirtschaftliches Risiko als freier Mitarbeiter wesentlich größer ist als das eines Angestellten. Darüber hinaus werden Kosten und Beiträge vom Auftraggeber auf Sie abgewälzt, denn meist ist es so, dass Sie sich entweder einen eigenen Arbeitsplatz einrichten müssen oder für den Arbeitsplatz am Standort des Auftraggebers Miete zu zahlen haben. All diese Faktoren sollten Sie berücksichtigen, wenn es beim Aushandeln Ihres Vertrags um die entscheidende Frage geht, wie sich Ihr Honorar zusammensetzt.

Zum besseren Verständnis der Honorarfrage ist nachfolgend zunächst eine vereinfachte Vergleichsrechnung zwischen dem Angestellten und dem freien Mitarbeiter dargestellt.

BEISPIEL

Carsten Müller ist als angestellter Programmierer bei einer Software-Firma tätig. Sein Monatsgehalt beträgt DM 7 000,– bei einer Regelarbeitszeit von 160 Stunden pro Monat, was in etwa der 38-Stunden-Woche entspricht. Sein Chef macht ihm das Angebot, auf freie Mitarbeit zum Stundensatz von DM 50,– umzusteigen, und legt ihm die folgende Vergleichsrechnung vor:
Bisheriges Gehalt auf Stundenlohn umgerechnet:
DM 7 000,–/160 Std. = DM 43,75 pro Stunde
Honorar für freie Mitarbeit bei gleicher Arbeitsleistung:
DM 50,– pro Stunde x 160 Std. pro Monat = DM 8 000,– pro Monat

So habe er DM 1 000,– pro Monat mehr zur Verfügung und könne darüber hinaus noch die günstigen Tarife der privaten Kranken- und Lebensversicherungen nutzen, argumentiert der

Vorgesetzte. Und schließlich habe er als freier Mitarbeiter viel bessere steuerliche Gestaltungsmöglichkeiten, was den Umstieg noch attraktiver machen würde.

Doch diese Vergleichsrechnung, wie sie Carsten Müller und sicherlich schon vielen anderen „Umsteigern" vorgelegt wurde, entspricht nur zum Teil der Wahrheit. Mit solchen Argumenten versuchen so manche Unternehmen, auf elegante Art und Weise ihren Bestand an fest angestellten Arbeitskräften abzubauen und Leistungen zu Stundensätzen einzukaufen, mit denen kein kaufmännisch rechnender Selbstständiger kalkulieren würde. Viele freie Mitarbeiter bedenken nicht, dass sie exakt die gleiche Kalkulation durchführen sollten, wie sie ein Selbstständiger erstellt, der seine Leistungen und Produkte auf dem freien Markt anbietet. Die realistische Vergleichsrechnung würde in diesem Fall ungefähr folgendermaßen lauten:

Realistische Vergleichsrechnung

Jahresverdienst als Angestellter	
12 Monatsgehälter à DM 7 000,–	= DM 84 000,–
13. Monatsgehalt als Urlaubs- und Weihnachtsgeld	= DM 7 000,–
Vermögenswirksame Leistungen DM 52,–/Monat	= DM 624,–
Arbeitgeberzuschuss Fahrtkosten DM 50,–/Monat	= DM 600,–
Jahresbruttogehalt	DM 92 224,–
+ Differenz Sozialversicherung DM 600,–/Monat	= DM 7 200,–
Vergleichbares Jahreseinkommen als freier Mitarbeiter	= DM 99 424,–

Die Differenz in der Sozialversicherung resultiert daraus, dass er sich zwar bei privaten Anbietern versichern kann, andererseits jedoch nicht nur den halben Arbeitnehmerbeitrag, sondern als Selbstständiger den vollen Beitragssatz bezahlen muss. Bei einer vollen Beitragshöhe von DM 2 800,– für Angestellte (Renten-, Kranken-, Pflege- und Arbeitslosenversicherung) ergibt dies einen Arbeitnehmerbeitrag von DM 1 400,–. Es wurde hier nun davon ausgegangen, dass sich bei vergleichbaren Leistungen der

Beitrag für Renten-, Pflege- und Arbeitslosenversicherung auf DM 2000,– für Selbstständige reduziert, die jedoch von ihm in voller Höhe zu tragen sind. So ergibt dies effektiv eine monatliche Mehrbelastung von DM 600,–, die beim Einkommensvergleich zu berücksichtigen ist.

Faktoren für den Vergleich des Stundensatzes

Um den Stundensatz realistisch vergleichen zu können, müssen weitere Faktoren mit in Betracht gezogen werden:

- Ein freier Mitarbeiter hat nur unbezahlten Urlaub. Die sechs Wochen bezahlter Urlaub, die ein Angestellter pro Jahr üblicherweise nehmen kann, müssen beim Errechnen der tatsächlich geleisteten Arbeitsstunden abgezogen werden, da ein freier Mitarbeiter in der Regel nur für nachweislich erbrachte Leistungen bezahlt wird.
- Ein freier Mitarbeiter hat keinen Anspruch auf Lohnfortzahlung im Krankheitsfall. Er kann dies zwar über die Krankenkasse in Form einer Krankentagegeldversicherung absichern, doch das verursacht zusätzliche Aufwendungen durch den höheren Beitrag. In diesem Beispiel wird nun davon ausgegangen, dass in der Vergleichsrechnung eine Krankheitswoche pro Jahr zu berücksichtigen ist.

Damit errechnet sich die jährliche Arbeitszeit wie folgt:

Jährliche Arbeitszeit

12 Monatsgehälter à 160 Stunden	= 1 920 Stunden
– 6 Wochen Urlaub à 38 Stunden	= 228 Stunden
– 1 Woche krank	= 38 Stunden
Tatsächliche Arbeitszeit pro Jahr	= 1 654 Stunden

Unter diesen Voraussetzungen liegt der vergleichbare Stundensatz des freien Mitarbeiters bei gleicher Arbeitsleistung und sozialer Absicherung bei DM 99 424,– Jahreseinkommen/1 654 Stunden = DM 60,11 pro Stunde.

Würde Carsten Müller den Vorschlag seines Arbeitgebers zu dessen Konditionen annehmen, hätte er eine deutliche Verschlechterung seiner Verdienstsituation zu tragen. Nicht berücksichtigt wurden in dieser Rechnung die zusätzlichen Risiken, die der freie Mitarbeiter durch den Wegfall von Kündigungsschutz und Arbeitslosenversicherung zu tragen hat.

UNSER TIPP Wenn Ihr Arbeitgeber Ihnen den Umstieg vom Angestelltenverhältnis auf freie Mitarbeit anbietet, sollte der Stundensatz mindestens das 1,5-fache, besser jedoch das Doppelte Ihres bisherigen Stundensatzes betragen, damit Sie als freier Mitarbeiter finanziell nicht schlechter wegkommen als ein vergleichbarer Arbeitnehmer.

Formen freier Zusammenarbeit

Da der Begriff „Freier Mitarbeiter“ rechtlich nicht eindeutig definiert ist, gibt es unterschiedliche Formen der freien Zusammenarbeit. Die Unterschiede liegen sowohl in der Vertragsgestaltung als auch in der Tätigkeit, die der freie Mitarbeiter für seinen Auftraggeber durchführt. Die üblichen Vertragsformen sind:

Freier Dienstvertrag

Die üblichen Vertragsformen

Der freie Dienstvertrag ist an sich lediglich die Willenserklärung der Vertragspartner, anhand der gemeinsam festgelegten Vertragspunkte zusammenzuarbeiten. Die Rechtsgrundlage für solche Verträge findet sich im Bürgerlichen Gesetzbuch, und eine Sonderform des Dienstvertrages ist zum Beispiel auch der reguläre Arbeits- oder Anstellungsvertrag. Deshalb müssen vor allem bei dieser Vertragsform die wichtigen Entscheidungsbefugnisse (freie Zeiteinteilung, Recht zur Auftragsablehnung, freie Kundenauswahl etc.) zu Ihren Gunsten geregelt sein. Will Sie Ihr Auftraggeber mit Einschränkungen an die „kurze Leine“ nehmen, haben Sie gute Chancen, dass der Dienstvertrag als Arbeitsvertrag anerkannt wird. Typische Beispiele für die Zusammenarbeit über einen freien Dienstvertrag sind:

- Software-Firma und freier Programmierer,
- Werbeagentur und freier Werbetexter,
- Volkshochschule und Dozent,
- Taxiunternehmen und freier Taxifahrer.

Handelsvertreter

Wenn Ihr Auftraggeber mit Ihnen einen Handelsvertretervertrag abschließt, haben Sie eine klar bestimmte Aufgabe: für Ihren Auftraggeber den Kontakt zum bestehenden Kundenstamm zu halten und neue Kunden zu gewinnen. Die Honorierung erfolgt üblicherweise nicht zu einem bestimmten Stundensatz wie etwa beim Dienstvertrag, sondern setzt sich aus einem fixen Anteil und einer Erfolgsprovision zusammen, die in der Regel vom erzielten Monats- oder Jahresumsatz errechnet wird. Als Handelsvertreter haben Sie die Pflicht, sich um angemessene Verkaufsabschlüsse zu bemühen, doch sollten Sie sich beim Abschluss des Vertrags unbedingt die beiden folgenden Rechte sichern:

Rechte sichern

Gebietsschutz: Wenn Sie keine Garantie haben, dass Sie von allen Verkaufsabschlüssen in Ihrem Vertretungsgebiet Provision erhalten, kann es vorkommen, dass Ihr Auftraggeber unter Umgehung seiner Handelsvertreter direkt mit potenziellen Kunden Kontakt aufnimmt, um dadurch Provisionsaufwendungen einzusparen.

Abfindung bei Auflösung des Vertretervertrags: Auch wenn Sie für Ihren Auftraggeber nicht mehr tätig sind, profitiert er weiterhin von Ihrer bisherigen Arbeit, denn die Neukunden, die Sie ihm zugeführt haben, können Sie ja in der Regel nicht „mitnehmen“. Für diesen Fall sollten Sie unbedingt eine Abfindungsklausel in den Vertrag mit aufnehmen, die im Fall der Vertragsauflösung einen Ausgleich für die Neukunden vorsieht, die Sie Ihrem Auftraggeber „überlassen“. Handelsvertreter findet man

Handelsvertreter

- als Industrievertreter, die Produkte von einer oder mehreren Firmen anbieten,
- bei freien Versicherungs- und Bausparverkäufern,
- bei freien Mitarbeitern von Bauträgern und von Immobilienmaklern.

Weitere Informationen finden Sie auf Seite 83.

Franchising

Franchising ist eine besonders enge Form der freien Zusammenarbeit zwischen zwei Vertragspartnern. Wie Franchise-Systeme funktionieren, wird auf Seite 85 näher erläutert.

Subunternehmer

Der Vertrag eines Subunternehmers (auch Werkvertrag genannt) unterscheidet sich vom freien Dienstvertrag in einem wesentlichen Merkmal: Während der freie Mitarbeiter beim Dienstvertrag eine bestimmte Tätigkeit durchzuführen hat, muss der Subunternehmer einen konkreten Erfolg erzielen. Ein Beispiel: Wird ein Programmierer beauftragt, für eine Software-Firma stundenweise Programmierarbeiten durchzuführen, ist die Grundlage ein Dienstvertrag. Bekommt er jedoch den Auftrag, zu einem bestimmten Festpreis ein Programm zu entwickeln und dies nach Abschluss seiner Arbeit dem Auftraggeber zur Verfügung zu stellen, handelt er als Subunternehmer auf der Basis eines Werkvertrags. Beispiele für Werkverträge sind:

Beispiele für Werkverträge

- Auslagerung von Entwicklungs- und Konstruktionsaufgaben,
- Erstellen von kompletten EDV-Programmen oder Teilen davon,
- Durchführen von vorher festgelegten Arbeiten in der Baubranche (z. B. Fliesenleger, Schreiner etc.).

Die wichtigsten Regelungen zur Scheinselbstständigkeit

Wenn Sie als Existenzgründer vom Start weg über einen großen Kundenkreis verfügen, ist das zwar wünschenswert, die Realität aber sieht oft anders aus. Gerade die freien „Einzelkämpfer" arbeiten zu Beginn ihrer Selbstständigkeit häufig nur für einen einzigen Kunden. Erfolgt die Zusammenarbeit auf Projektbasis, ist die Kapazität des Existenzgründers nicht selten restlos ausgelastet, und er kann zumindest am Anfang seiner Karriere keine weiteren Kunden suchen und hat damit auch keine Möglichkeit, seinen Abnehmerkreis zu erweitern.

Gesetz gegen die Scheinselbstständigkeit

Allerdings können Sie unter Umständen mit dem Gesetz gegen die Scheinselbstständigkeit in Konflikt geraten. Mit diesem Regelwerk soll verhindert werden, dass Arbeitnehmer von sparwütigen Arbeitgebern in die berufliche Selbstständigkeit gedrängt werden – allein mit dem Ziel, dass der Arbeitgeber die Kosten für die Sozialversicherung einsparen kann. Typische Beispiele sind Kellner oder Kraftfahrer, die urplötzlich nur noch „freie Mitarbeiter" und oft nicht einmal kranken-, geschweige denn rentenversichert sind.

In solchen Fällen hat der Gesetzgeber die Möglichkeit, von Gerichts wegen das Bestehen eines regulären Arbeitsverhältnisses feststellen zu lassen. Ist der Tatbestand der Scheinselbstständigkeit erfüllt, muss rückwirkend ein Arbeitsvertrag geschlossen werden, und von Arbeitgeber und Arbeitnehmer sind die Beiträge zur Sozialversicherung sowie die Lohnsteuer nachträglich zu entrichten.

Der Richterspruch trifft jedoch nicht immer nur diejenigen, die unfreiwillig in die Selbstständigkeit gedrängt wurden. Gerade in den freien Berufen wie Rechtsanwälte, Kommunikationsspezialisten oder IT-Fachleute ist es gang und gäbe, auch über einen längeren Zeitraum für einen einzigen Auftraggeber zu arbeiten – und zwar durchaus ohne Zwang. Wenn Sie zu dieser Gruppe der Selbstständigen gehören, sollten Sie prüfen, ob die gesetzlichen Kriterien der Scheinselbstständigkeit auf Sie zutreffen könnten.

Scheinselbstständigkeit dürfen die Sozialversicherungsträger vermuten, wenn

Fünf Kriterien

- Sie keinen weiteren sozialversicherungspflichtigen Arbeitnehmer beschäftigen, der mehr als 630 DM pro Monat verdient (das darf auch ein Familienmitglied sein);
- Sie auf Dauer fast ausschließlich (zu mehr als $^5/_6$) für einen einzigen Auftraggeber tätig sind;
- der Auftraggeber oder ähnliche Unternehmen vergleichbare Arbeiten von angestellten Mitarbeitern erledigen lassen;
- Sie nicht unternehmerisch auftreten (z. B. Werbung, Homepage, eigenes Geschäftslokal);
- Sie zuvor bei Ihrem Auftraggeber angestellt waren und nun die gleiche Arbeit als freier Mitarbeiter durchführen.

Sobald mindestens drei dieser fünf Kriterien zutreffen, darf Ihnen Scheinselbstständigkeit unterstellt werden. Können Sie dennoch nachweisen, dass Sie ein „echter" Selbstständiger sind, werden Sie als arbeitnehmerähnlicher Selbstständiger eingestuft.

Arbeitnehmerähnliche bzw. „echte" Selbstständige

In diese Kategorie werden Sie eingestuft, wenn Sie anhand der oben genannten Kriterien zwar Ihre berufliche Selbstständigkeit schlüssig darlegen können, aber sehr stark an einen einzigen Auftraggeber oder Abnehmer gebunden sind. Ein typisches Beispiel dafür sind die so genannten Ein-Firmen-Vertreter, die auf Provisionsbasis für ein einziges Unternehmen Produkte oder Dienstleistungen vermitteln.

Falls eine sozialversicherungsrechtliche Prüfung droht

Um im Fall einer sozialversicherungsrechtlichen Prüfung schlüssig darlegen zu können, dass Sie auch wirklich in unternehmerischer Freiheit und Verantwortung stehen, sollten Sie sich in den folgenden Punkten sehr deutlich von Arbeitnehmern unterscheiden:

Freie Zeiteinteilung

Wer feste Arbeits- und Anwesenheitszeiten vorgegeben bekommt, ist eindeutig ein Arbeitnehmer. Dies bezieht sich auch auf die Entscheidung des freien Mitarbeiters, sich gegebenenfalls von einem Dritten vertreten zu lassen, falls er selbst verhindert ist. Den Vorteil der freien Zeiteinteilung können Sie als freier Mitarbeiter auf jeden Fall ausnutzen, denn ansonsten haben Sie einen Rechtsanspruch auf die Anerkennung des Arbeitnehmerverhältnisses.

Urlaubsplanung in Eigenregie

Wenn Sie freier Mitarbeiter sind, kann Ihnen Ihr Auftraggeber nicht vorschreiben, wann Sie Urlaub zu nehmen haben, wie viel Urlaub Ihnen pro Jahr zusteht und mit wem Sie Ihre Urlaubsplanung abstimmen müssen. Das Risiko, dass einige freie Mitarbeiter gleichzeitig in den Urlaub gehen, hat also voll und ganz der Auftraggeber zu tragen. Umgekehrt haben Sie natürlich auch keinen Anspruch auf Bezahlung während des Urlaubs, da Sie als freier Mitarbeiter ja im Regelfall nur für die tatsächlich angefallenen Stunden bezahlt werden.

Weisungsgebundenheit

Als Arbeitnehmer sind Sie Teil einer festen hierarchischen Struktur und Sie haben Vorgesetzte, deren Anweisungen Sie erfüllen müssen. Versucht nun Ihr Auftraggeber, Sie als freien Mitarbeiter in eine solche Betriebshierarchie einzubinden, ist dies eindeutig ein Kriterium für den Status eines Arbeitnehmers. Als freier Mitarbeiter haben Sie keinen Vorgesetzten, sondern ausschließlich Kunden, deren Aufträge Sie annehmen, aber auch ablehnen können. Es ist also für einen Unternehmer nicht ganz einfach, aus Angestellten freie Mitarbeiter zu machen, um dadurch Fixkosten einzusparen und tarifliche Bestimmungen zu umgehen. Sie können hier als freier Mitarbeiter den Begriff „frei“ ruhig wörtlich nehmen und Ihren Auftraggeber nicht als Chef, sondern als gleichberechtigten Geschäftspartner betrachten.

Auftraggeber ist gleichberechtigter Geschäftspartner

Einplanung in Arbeitsabläufe

Wenn beispielsweise ein Maschinenbaubetrieb seine freien Mitarbeiter in den Produktionsprozess so einbezieht, dass sie ausschließlich nach festen Arbeits- und Schichtplänen arbeiten, die vielleicht sogar noch von der Arbeitsvorbereitung des Betriebs erstellt wurden, werden hier bald aus freien Mitarbeitern wieder Angestellte. Ihr Auftraggeber kann Sie nur dann in einen Arbeitsablauf einplanen, wenn er dies von Fall zu Fall mit Ihnen abstimmt und sich Ihr Einverständnis einholt.

Persönliche Dienstpflicht

Kommt Ihnen als Arbeitnehmer eine Aufgabe ungelegen, können Sie diese natürlich nicht von einem Bekannten, der die gleiche Qualifikation wie Sie besitzt, erledigen lassen. Diese Verpflichtung, persönlich am Arbeitsplatz zu erscheinen, gehen Sie mit dem Abschluss eines Angestelltenvertrages ein. Anders ist die Sachlage, wenn Sie freier Mitarbeiter sind: Hier haben Sie das Recht, sich bei Bedarf einen Ersatz zu suchen oder – wenn es die Auftragslage erfordert – selbst Mitarbeiter einzustellen und diese Ihre Aufträge durchführen zu lassen.

Ersatz oder zusätzliche Mitarbeiter

Verbot von Nebentätigkeiten

„Nebentätigkeiten sind nur mit ausdrücklicher Zustimmung des Arbeitgebers gestattet." Diese Klausel finden Sie in den allermeisten Fällen im Arbeitsvertrag, denn der Arbeitgeber möchte sicherstellen, dass Sie sich voll und ganz für die betrieblichen Belange einsetzen und Ihre Leistung ausschließlich für Ihren Arbeitgeber erbringen. Manche Unternehmen versuchen, solche Bestimmungen auch in Verträgen mit freien Mitarbeitern durchzusetzen, was dann allerdings wieder ein recht deutliches Indiz für ein Beschäftigungsverhältnis als Arbeitnehmer darstellt. Sie haben als freier Mitarbeiter eindeutig das Recht, nach eigener Entscheidung Aufträge von anderen Unternehmen anzunehmen oder Nebentätigkeiten für andere Firmen durchzuführen – mit einer Ausnahme: Konkurrenzausschlussklauseln, wie sie vor allem bei Handelsvertretern üblich sind, müssen Sie auch als freier Mitarbeiter und Selbstständiger akzeptieren. Doch die Verpflichtung, keine Konkurrenzprodukte anzubieten, sollten Sie nur eingehen, wenn Ihnen Ihr Auftraggeber dafür zusichert, in Ihrem Verkaufsgebiet nur Sie zu beliefern bzw. mit dem Verkauf seiner Produkte zu beauftragen.

Wenn Sie als arbeitnehmerähnlicher Selbstständiger eingestuft werden, kommen Sie zwar um die gesetzliche Kranken- und Arbeitslosenversicherung herum, doch müssen Sie für die Rentenkasse Beiträge einzahlen. Aus Ihrem Einkommen wird dann sowohl der Arbeitgeber- als auch der Arbeitnehmerbeitrag fällig. Keine Regel allerdings ohne Ausnahme: Wenn Sie als Existenzgründer seit weniger als drei Jahren selbstständig sind, entfällt für Sie die Rentenversicherungspflicht. Damit haben Sie immerhin drei Jahre Zeit, um durch den Aufbau eines Kundenstamms zu verhindern, dass Sie entweder als Scheinselbstständiger oder als arbeitnehmerähnlicher Selbstständiger eingestuft werden.

Rentenversicherungspflicht

Persönliche, soziale und fachliche Voraussetzungen für Existenzgründer

Wodurch zeichnen sich erfolgreiche Existenzgründer bzw. Selbstständige aus? Diese Frage ist nicht leicht zu beantworten, herrschen doch in den einzelnen Wirtschaftszweigen und Branchen oft recht unterschiedliche Voraussetzungen, z. B. hinsichtlich der schulischen und beruflichen Qualifikationen, des Startkapitals oder der Unternehmerpersönlichkeit. Untersuchungen zeigen, dass zwar generell ein überproportionaler Anteil von Personen mit höherer Schulbildung Existenzgründer sind, doch muss man hier nach Branche differenzieren. Jemand, der PC-Software für den medizinischen Bereich entwickelt, benötigt andere schulische Qualifikationen als der Betreiber eines Restaurants. Die zur Gründung und Führung eines Unternehmens notwendigen Kenntnisse und Fertigkeiten lassen sich durch formale Bildungsabschlüsse zudem nur sehr bedingt beschreiben.

Schulische Qualifikationen sind zu differenzieren

Eine für eine bestimmte Branche unzureichende Schulbildung kann zwar zunächst ein Nachteil sein, doch lässt sich dies häufig durch die Wahrnehmung entsprechender Fort- und Weiterbildungsangebote ausgleichen. Dies sollte aber zweckmäßigerweise schon vor der Gründung geschehen, denn dafür lassen die Belastungen der Startphase meist wenig Zeit und Energie.

Da viele Selbstständige und Firmengründer aus Selbstständigen- und Unternehmerfamilien kommen (man spricht hier von einem hohen Selbstrekrutierungsanteil), scheint der Herkunft eine gewisse Bedeutung zuzukommen. Abgesehen vom Sonderfall einer Übernahme des elterlichen Betriebs (vgl. dazu das Kapitel „Gründen oder Übernehmen?“) spielt die Herkunftsfamilie nicht allein für das Betriebs- bzw. Geldkapital, sondern auch für das ⋆**Humankapital** eines Gründers eine wichtige Rolle: zum einen unmittelbar durch Erziehung, Wertevermittlung und Familienklima,

Die Herkunft kann eine wichtige Rolle spielen

zum anderen indirekt durch die Art und Qualität der Ausbildung. Besonders entscheidend ist die frühe und nachhaltige Vermittlung berufs- und branchentypischer Einstellungen und Kenntnisse durch freiberuflich oder unternehmerisch tätige Eltern. Somit kann also das Elternhaus den Schritt in die Selbstständigkeit erleichtern und wichtige Erfahrungen vermitteln.

Maßgeblicher als die Herkunft ist aber das eigene Zutun des Gründungswilligen, denn die Mehrzahl der Eltern von Existenzgründern ist beruflich nicht selbstständig. Jeder Gründer bzw. Unternehmer hat aber eine lern- und entwicklungsfähige Persönlichkeit, die er in sein Vorhaben einbringen kann.

Maßgeblich ist die Persönlichkeit des Gründers

Dieses ***Humankapital**, also die persönlichen Qualitäten des Gründers wie z. B. Intelligenz, Lernfähigkeit, soziales Geschick usw., wirkt zusammen mit dem Geld- und Betriebskapital, d. h. der materiellen Ausstattung und dem Zugang dazu (z. B. Anlagevermögen, Lagerbestände, Grundstücke, ***Bonität**). Es kommt darauf an, diese Potenziale (also die vorhandenen Kräfte, Fähigkeiten, Mittel und Chancen) zu entwickeln, zu erhalten und einzusetzen, um im Endeffekt einen maximalen Nutzen für die Gründung zu erzielen.

Die Anforderungsprofile in den verschiedenen Branchen sind natürlich sehr unterschiedlich (und hängen u. a. von der Betriebsgröße ab). So stehen beispielsweise bei einem Immobilienmakler andere Qualitäten im Vordergrund als bei einem Gastronomen.

Hinzu kommt, dass dieselben Qualitäten im sozialen Umfeld ganz unterschiedlich bewertet werden können. Beharrlichkeit ist sicher eine gute Eigenschaft, doch kann ein „Zuviel" davon die notwendige Anpassung an veränderte Bedingungen erschweren und dann als mangelnde Flexibilität oder gar als Sturheit ausgelegt werden.

Eigenschaften erfolgreicher Unternehmer

Obwohl es recht schwierig ist, allgemein gültige Eigenschaften erfolgreicher Unternehmer anzugeben, gibt es zahlreiche Versuche, gemeinsame Merkmale in den Anforderungsprofilen herauszufinden. Immer wieder genannt werden dabei u. a. fachliche Qualifikation, Berufs- und Branchenerfahrung, Belastbarkeit, Engagement und Kontaktfähigkeit.

Fachwissen

Fundierte Fachkenntnisse (einschließlich der Bereitschaft zur ständigen Aktualisierung und Weiterentwicklung) sind für jeden Selbstständigen unabdingbar. Dies entspricht dem Eigeninteresse der Gründer, sodass der Gesetzgeber (abgesehen von einigen Ausnahmen, z. B. Apotheken, Güter- und Personenverkehr) im Allgemeinen keinen besonderen Nachweis dafür verlangt, denn aufgrund der Gewerbefreiheit hat schließlich jeder auch die Freiheit zu scheitern.

Wichtige gesetzliche Bestimmungen müssen bekannt sein

Ein wichtiger Teil Ihres Fachwissens besteht darin, sich mit den wichtigsten gesetzlichen Bestimmungen für die Herstellung und den Vertrieb Ihrer Produkte bzw. für das Erbringen Ihrer Dienstleistungen vertraut zu machen. Besonders wichtig sind dabei gegebenenfalls lebensmittelrechtliche Vorschriften (Hygieneverordnung, Lebensmittelkennzeichnungsverordnung, Lebensmittel- und Bedarfsgegenständegesetz), das Eichgesetz (einschließlich der Fertigpackungsverordnung, die Verordnung über Kosmetika, das Arzneimittelgesetz, das Textilkennzeichnungsgesetz, das Gesetz über technische Arbeitsmittel (z. B. für Haushaltsgeräte), die Bestimmungen für den Arbeitsschutz usw.

Gesichtspunkte des Umweltschutzes haben in den letzten Jahren steigende Bedeutung erlangt und erfordern besondere Beachtung; ihre wissentliche oder unwissentliche Missachtung kann für Sie sehr teuer werden und den Ruf Ihres Betriebes nachhaltig schädigen.

Berufs- und Branchenerfahrung

Wenn auch Außenseiter und Seiteneinsteiger gelegentlich bemerkenswerte Erfolge erzielen, gelten doch in der Regel Branchen- und Berufserfahrung als entscheidende Voraussetzungen eines Erfolgs. Dies zeigt sich auch darin, dass Darlehensgeber bei der Gewährung von Mitteln den Nachweis von Branchenkenntnissen verlangen. Interessenten ohne Branchenerfahrung tun deshalb gut daran, sich die geplante neue Erwerbsquelle zunächst einmal im Angestelltenverhältnis oder nebenberuflich zu erschließen und erst dann ganz umzusteigen, wenn sie die nötige Sicherheit haben, auftretende Schwierigkeiten auch bewältigen zu können. Da die Betriebseröffnung jedoch häufig sofort den gesamten Arbeitseinsatz erfordert, kann dieser Hinweis nicht immer befolgt werden.

Ein weiteres Hindernis besteht darin, dass sich viele Arbeitgeber gegen unerwünschte Konkurrenz absichern, indem sie ausscheidenden Mitarbeitern verbieten, innerhalb eines bestimmten Zeitraums in derselben Branche tätig zu werden.

Zielgruppen- und Marktkenntnisse

Realisierungsmöglichkeiten einer Geschäftsidee prüfen

Mit Ihrer Geschäftsidee werden Sie immer nur spezielle Personen bzw. Personen unter einem bestimmten Blickwinkel ansprechen, z. B. Autofahrer, Hausbesitzer, PC-Nutzer usw. Um herauszufinden, ob sich eine Geschäftsidee überhaupt realisieren lässt und um die Werbeaktivitäten zu optimieren, ist es wichtig, die jeweilige Zielgruppe möglichst genau zu kennen. Dass Sie auch Ihren Markt kennen, sollte selbstverständlich sein. Da sich Kundenwünsche, Ansprüche, Budgets, Einkaufsgewohnheiten und Moden rasch ändern können, ist es wichtig ständig den Markt zu beobachten, Sensibilität für zukünftige Trends zu entwickeln und dabei den Betrieb stets auf einem guten technischen, personellen und organisatorischen Stand zu halten. Wirtschafts- und Fachzeitschriften sowie Fachbücher helfen Ihnen dabei.

Engagement und Kundenorientierung

Untersuchungen haben immer wieder gezeigt, dass sich erfolgreiche Gründer von weniger erfolgreichen in ihrem Einsatz für den Betrieb unterscheiden. Wer auf die 5-Tage-Woche, den 8-Stunden-Tag und einen sechswöchigen Urlaub nicht verzichten will, sollte sich den Schritt in die berufliche Selbstständigkeit besonders gut überlegen. Vor allem in der Startphase müssen Sie sicherlich mit einem weit überdurchschnittlichen Arbeitseinsatz rechnen.

Das notwendige Engagement beschränkt sich nicht auf die Arbeitszeit allein, sondern schließt auch die Bereitschaft mit ein, sich mit seiner Tätigkeit bzw. mit der Gründung zu identifizieren, sich ständig auf dem aktuellen Kenntnisstand zu halten, sich weiterzubilden und persönliche Interessen weitgehend zurückzustellen. Erfolgreiche Gründer sind mit dem Erreichten selten zufrieden, sie stellen hohe Ansprüche an ihre Produkte und Leistungen und versuchen Marktvorteile zu erringen und auszubauen.

Die Häufung von Reklamationen ist ein deutliches Warnzeichen dafür, dass der Betrieb nicht mehr auf der Höhe der Konkurrenz ist. Schon aus diesem Grund sollte man jede Beschwerde – ob man sie für berechtigt oder für unberechtigt hält – zunächst einmal festhalten, um so mögliche Verarbeitungsmängel, Qualifikationsdefizite, Pannen, Organisationsfehler, aber auch verfehlte Werbung und Missverständnisse herauszufinden. Solche Gelegenheiten können auch gut für Kundengespräche genutzt werden, erhält man doch so auch Aufschluss über Erwartungen, bestehende Marktlücken oder über das Angebot der Konkurrenten. Gewinnt der Kunde den Eindruck, dass man sich ernsthaft um seine Beschwerde und um die Behebung des Mangels kümmert, dann fühlt er sich aufgewertet, er vergisst die anfängliche Verstimmung und bleibt für weitere Verkaufsgespräche offen.

Reklamationen als deutliches Warnzeichen

Innovationsfreudigkeit

Ein Ausruhen in der Marktnische ist für den einzelnen Betrieb ebenso verhängnisvoll wie eine Stagnation für die kapitalistische Wirtschaftsordnung insgesamt. Zusätzlich zur normalen Tagesroutine ist ein Selbstständiger gezwungen, sich über neue Produkte, Marktchancen, Finanzierungsmöglichkeiten, Vertriebs- und Organisationsfragen usw. zu informieren. Die zunehmende wirtschaftliche und gesellschaftliche Dynamik (Modernisierungsdruck), die Differenzierung und Individualisierung nicht nur in der Arbeitswelt, sondern im gesamten sozialen Leben, lassen auch immer wieder (teilweise allerdings nur sehr kurzlebige) Nischen entstehen.

Damit ergeben sich gute Chancen für flexible und innovationsfreudige Gründer. Ihr Vorteil gegenüber größeren Betrieben besteht darin, dass sie häufig schneller und leichter auf veränderte Bedürfnisse reagieren können. Sich auf den bisherigen Erfolgen auszuruhen, kann gerade für sie verhängnisvoll sein, denn sie sind oft nicht durch eine breite Angebotspalette abgesichert: Wer als Selbstständiger bzw. Kleinunternehmer mit seinem notgedrungen eher

Rasches Reagieren auf veränderte Bedingungen

spezialisierten Angebot neue Entwicklungen verpasst und den Anschluss verliert, der gefährdet seine Existenzgrundlage. Auch ein heute erfolgreiches Konzept kann in wenigen Jahren überholt sein. Sobald das Geschäft nur einigermaßen läuft, werden sich schnell Konkurrenten einstellen, die sich bemühen, einen Teil des lukrativen Marktes für sich zu erobern, indem sie den Platzhalter mit einem breiteren Angebot gefährden bzw. im Preis unterbieten.

Kaufmännisches Wissen

Kenntnisse in Buchführung sind unabdingbar

Jeder Selbstständige bzw. Firmengründer benötigt ein Minimum an kaufmännischen und betriebswirtschaftlichen Kenntnissen. Auch mit dem Grundwissen in der Buchführung sollte man sich frühzeitig vertraut machen, unterliegt doch jeder Gewerbetreibende nach dem Steuer- und Handelsrecht der Aufzeichnungs- und Buchführungspflicht. Dabei gelten unterschiedliche Bedingungen für ***Voll-** und ***Minderkaufleute**. Für bestimmte Gewerbe (z. B. Reisebüros, Auskunfteien, Makler oder Waffenhändler) besteht eine zusätzliche Aufzeichnungspflicht zum Zwecke der gewerblichen Überwachung.

Auch wenn Sie bislang im Laufe Ihres schulischen und beruflichen Werdegangs von kaufmännischen Inhalten unberührt geblieben sind, brauchen Sie Ihre Träume von einer eigenen Firma nicht zu begraben. Es gibt zahlreiche Möglichkeiten, sich die fehlenden Kenntnisse nachträglich anzueignen bzw. sie zu vertiefen und auf den neuesten Stand zu bringen, z. B. durch Selbstunterricht, in Fernkursen und in Kursen der Volkshochschulen und anderen Einrichtungen der Erwachsenenbildung. Besonders empfehlenswert sind die Angebote der Industrie- und Handelskammern bzw. der Handwerkskammern. Nach Möglichkeit sollten Sie sich schon lange vor der Gründung anmelden, da Sie in der Gründungsphase meist sehr stark belastet sind.

Körperliche und seelische Belastbarkeit

Die Bedeutung dieses Faktors ist nicht zu unterschätzen. Für den Selbstständigen ist die Gesundheit im doppelten Sinne überlebensnotwendig. Noch weniger nämlich als der abhängig Beschäftigte mit (allerdings verminderter) Lohnfortzahlung im Krankheitsfall kann sich ein Selbstständiger längere Krankheits- und Ausfallzeiten leisten.

Besonders die Anfangsphase einer Gründung stellt hohe Anforderungen an die Belastbarkeit. Gerade bei den Auseinandersetzungen mit Behörden, Mitarbeitern, Lieferanten, Banken, Kunden und Konkurrenten kommt es auf eine gute Konstitution an. Neben den körperlichen Belastungen muss auch nervliche Anspannung so verarbeitet werden, dass sie weder die eigene Person schädigen noch (z. B. über ein Abreagieren bei Mitarbeitern und Kunden) dem Betrieb abträglich sind. Erschwerend kommt hinzu, dass die für die körperliche und seelische Regeneration notwendige Freizeit knapp bemessen ist. Deshalb sollten Sie sich darum bemühen, Ihre Freizeit sinnvoll einzuplanen und sie dann auch zur Erholung zu nutzen. Natürlich ist das erforderliche Maß an körperlicher und seelischer Belastungsfähigkeit stark branchenabhängig: Der Inhaber einer Baufirma benötigt vermutlich ein dickeres Fell als jemand, der im künstlerischen oder sozialen Bereich unternehmerisch tätig werden möchte, denn dort kann man häufig mit einem sensibleren Kunden- und Mitarbeiterkreis rechnen. Auch zur Vermeidung stressbedingter psychosomatischer Erkrankungen sollten Sie neben den Maßnahmen zum konstruktiven Umgang mit Konflikten und zur Pflege des Betriebsklimas (z. B. durch Mitarbeiterschulungen) auch weitere psychohygienische Angebote (etwa autogenes Training oder Selbsterfahrungsgruppen) nutzen.

Startphase einer Gründung ist besonders strapaziös

Für Ausgleich sorgen

Optimismus

Wissenschaftler haben festgestellt, dass optimistische Menschen nicht nur länger leben, sondern auch gesünder sind. Wer von Krankheiten weitgehend verschont bleibt, tut sich leichter, eine positive Lebenseinstellung zu entwickeln, doch gilt auch umgekehrt: Eine optimistische Grundhaltung mindert nicht nur ein gesundheitliches Risiko, sie verhilft auch zu häufigeren Erfolgserlebnissen. Gerade als Selbstständiger oder Unternehmer kann man sich keinen Pessimismus leisten: Wer am Erfolg seiner Aktivitäten und Investitionen zweifelt, der hat schon halb verloren.

Risiken vermeiden

Das bedeutet allerdings nicht, dass man alles durch eine rosarote Brille sehen soll: Ein gesundes Maß an Vorsicht und Skepsis und die Bereitschaft, Entwicklungen aufmerksam zu beobachten und darauf zu reagieren, bewahrt vor Fehleinschätzungen und Verlusten und schützt vor vermeidbaren Risiken.

Gute Selbstorganisation und Disziplin

Gerade wenn Sie zu Hause arbeiten, kann dies mitunter recht schwer fallen (vgl. Standortwahl). Verhalten Sie sich an Ihrem Heimarbeitsplatz nach Möglichkeit so wie in einem fremden Betrieb, d. h., geben Sie nicht der Versuchung nach, zwischendurch immer wieder an den Kühlschrank zu gehen oder aufzuräumen. Haushalt, Garten und Hobbyraum sollten während Ihrer Arbeitszeit für Sie tabu bleiben.

Positives soziales Umfeld

Beziehen Sie Ihre Familie in Ihre Existenzgründungspläne ein – oder lassen Sie sich zumindest von ihr nicht allzu sehr stören. Forschungsergebnisse, wie z. B. die „Münchner Gründerstudie" (siehe auch Anhang) belegen, dass sich mit einem Ehe- oder Lebenspartner zusammenlebende Gründer gegenüber Alleinstehenden oft in einer günstigeren Position befinden: Zum einen steht damit häufig jemand zur Verfügung, der bei Bedarf kurzfristig und flexibel für das Unternehmen einsetzbar ist und nicht immer mit einem normalen Angestelltenlohn abgefunden werden muss – ein gerade in der Startphase erheblicher Vorteil. Kostenlos oder für geringes Entgelt arbeitende Angehörige schlagen bei der Rentabilitätsberechnung allerdings mit kalkulatorischen Kosten zu Buche. Lässt man dies unberücksichtigt, so erscheint manches unrentable Unternehmen vordergründig noch lohnend.

Einsatz von Angehörigen

Werden Angehörige und Verwandte einbezogen, dann erweitert sich das soziale Netzwerk eines Gründers und damit das Potenzial an Kunden, Lieferanten, Mitarbeitern, Kreditgebern und Informanten. Besonders bei unternehmerisch tätigen Frauen wirkt sich eine wirtschaftliche Absicherung durch den Partner beruhigend aus.

Ein Ehepartner trägt auch dazu bei, dass sich die Kreditchancen bei der Bank erhöhen. Neben solchen vordergründigen Motiven kommt es auch auf den emotionalen Rückhalt an: Ein gemeinsames Lebensprojekt steigert den Zusammenhalt und oft erhöht sich damit auch das kreative Potenzial.

Positives soziales Umfeld erhöht das kreative Potenzial

Die Mitarbeit des Partners kann also eine große Entlastung und wertvolle Ergänzung sein. Mancher Kfz-Meister, Installateur oder Schreiner beispielsweise würde sich ohne die Unterstützung seiner Ehefrau bei der Buchhaltung schwer tun und auch manche Gründerin (aber auch mancher Gründer) hätte sich ihren Schritt in die berufliche Selbstständigkeit ohne einen finanziell unterstützenden Partner im Hintergrund gründlicher überlegt oder vielleicht ganz darauf verzichtet.

Allerdings ist dies nicht selbstverständlich und es ist vorteilhafter, keinen als einen nichtunterstützenden oder gar behindernden Lebenspartner zu haben. Gerade in der arbeitsintensiven Gründungsphase kann sich die persönliche Ungebundenheit als Vorteil erweisen, während anspruchsvolle, unzufriedene und nur am gemeinsamen Freizeitgenuss interessierte Partner bzw. Partnerinnen oder nörgelnde Kinder vom notwendigen Engagement abhalten.

Oft lässt es sich nicht vermeiden, dass sich die mit dem Schritt in die Selbstständigkeit verbundenen Belastungen auf die Angehörigen auswirken. So hat z. B. bei der „Münchner Gründerstudie“ (siehe den Band von Josef Brüderl in den Literaturhinweisen im Anhang) in 20 % der Fälle die Betriebsgründung die Partnerschaft wenigstens zeitweise „sehr stark“ oder zumindest „stark“ belastet. 46 % der Befragten gaben keine negativen Auswirkungen an und 13 % berichteten sogar von positiven Effekten.

Unabhängig davon wirken Partnerschaft und Familie häufig auch der Risikobereitschaft entgegen. Sie können eine Hemmschwelle vor allzu riskanten Aktivitäten sein, denn durch eine Fehlentscheidung würde man Lebensstandard und Zukunftschancen der Angehörigen aufs Spiel setzen, andererseits verhindern Angehörige allerdings auch, mögliche Gewinnchancen zu nutzen.

Obwohl soziale Beziehungen und Netzwerke im Allgemeinen sehr wichtig sind, sollten Sie bei konkreten Geschäftsbeziehungen zu Freunden und Verwandten vorsichtig sein, besteht doch die Gefahr, dass das bislang gute Verhältnis darunter leidet – z. B., weil Ihre Freunde bei Geschäften mit Ihnen Sonderkonditionen erwarten, die Sie nicht ohne eigenen Verlust gewähren können (vgl. dazu auch S. 99).

Es kann auch problematisch sein, Verwandte und Freunde als Mitarbeiter einzustellen. Gute Freunde sind so wichtig, dass Sie sie nicht den Anforderungen eines Mitarbeiter- oder gar Untergebenenverhältnisses aussetzen sollten. Bevor Sie einen Freund oder eine Freundin einstellen, sollten Sie abwägen:

Bekannte als Mitarbeiter: ja oder nein?

- Ist er/sie mit seinen/ihren Fähigkeiten ein Gewinn für mein Unternehmen?
- Kann ich seine/ihre Nähe jeden Arbeitstag ertragen?
- Können wir unsere private Beziehung während der Arbeit zurückstellen?
- Kann ich ihm oder ihr problemlos kündigen, falls er/sie den betrieblichen Anforderungen nicht entspricht?

Kontaktfähigkeit und soziale Kompetenz

Jede Person – und damit auch jeder Selbstständige und Betriebsgründer – kann als Mittelpunkt eines Beziehungsnetzes gesehen werden. Die einzelnen Beziehungen unterscheiden sich dabei nach Intensität, Stabilität, Dauer und lebensgeschichtlicher Bedeutung und müssen andauernd gepflegt und neu geknüpft, aber auch ggf. wieder gelöst werden können. Dies verursacht stets auch „Kosten", d. h. man muss ständig Aufwendungen und Gegenleistungen erbringen. Ein engmaschiges Netz ist deshalb nicht nur von Vorteil. Mitunter kann der Aufwand die damit zu erzielenden Erträge übersteigen, und dann wird es Zeit, alte Knoten zu lösen und neue Verbindungen zu knüpfen.

Alle Möglichkeiten der Eigenwerbung nutzen

Kontaktfähigkeit und soziale Kompetenz sind wichtige Voraussetzungen für den Geschäftserfolg. Dabei gibt es natürlich je nach Branche Unterschiede. Gerade in der Startphase kann es wichtig sein, alte Kontakte zu reaktivieren, sich in Erinnerung zu bringen und letztlich auf jede mögliche Weise für sich zu werben.

Für die meisten Selbstständigen steht das unaufhörliche Bemühen um den Kunden im Vordergrund. Während man geworbene Kunden in erster Linie durch gute Arbeit bzw. Produkte, guten Service und ein gutes Preis-Leistungs-Verhältnis an sich bindet, erfordert die Werbung neuer Kunden andere Aktivitäten, vor allem die Fähigkeit, Interesse zu wecken und aktiv auf Menschen zuzugehen. Dabei kann es wichtig sein, Schlüsselpersonen zu erkennen und sich auf sie zu konzentrieren.

Schlüsselpersonen erkennen und einbinden

Die Fähigkeit, im Geschäftsinteresse lohnende Netze zu knüpfen, gehört mit zum *⋆***Humankapital** eines Selbstständigen bzw. Gründers. Wenn hier auch Personen aus Unternehmer- und Selbstständigenfamilien wegen ihrer Herkunft und Erziehung oft einen gewissen Startvorteil haben, so handelt es sich hier um eine Fähigkeit, die man sich auch später in entsprechenden Kursen noch gut aneignen kann. Dies gilt auch für Führungsqualitäten: Vorhandene Erfahrungen (z. B. als Abteilungsleiter) zahlen sich in jedem Fall aus, auch wenn sich Defizite später noch aufholen lassen.

Ihre eigenen Stärken und Schwächen – ein Test

Eine erste Voraussetzung zur Entwicklung und zum Einsatz unternehmerischer Potenziale besteht darin, sich über seine eigenen Voraussetzungen – Stärken und Schwächen – Klarheit zu verschaffen.

Wer sich mit dem Gedanken an eine selbstständige Existenz beschäftigt, sollte sich deshalb schon möglichst früh einige grundlegende Fragen stellen und sie selbstkritisch beantworten. Widerstehen Sie der Versuchung zu beschönigenden Antworten (z. B. „Es macht mir nichts aus, zugunsten meines Betriebs längere Zeit hart und lang zu arbeiten und auf die Ausübung meiner Hobbys zu verzichten“).

Die nachfolgenden Fragen sind mit „ja“ [J], „teils-teils“ [T] oder „nein“ [N] zu beantworten. Arbeiten Sie möglichst spontan und zügig und lassen Sie keine Frage aus.

Test – Ihre eigenen Stärken und Schwächen	
Ich bin körperlich in der Lage, auch über einen längeren Zeitraum hinweg täglich zwölf Stunden und länger zu arbeiten.	J T N
Ich bin seelisch in der Lage, auch über einen längeren Zeitraum hinweg täglich zwölf Stunden und länger zu arbeiten.	J T N
Auch in Stress- und Krisensituationen behalte ich immer einen kühlen Kopf und kann meistens schnell und richtig entscheiden.	J T N
Mit unvorgesehenen Schwierigkeiten komme ich in der Regel gut zurecht. Oft finde ich unkonventionelle Lösungen dafür.	J T N
Rückschläge und Misserfolge kann ich leicht verkraften und ich lerne auch immer etwas daraus.	J T N
Ich habe eine realisierbare Geschäftsidee, von der ich auch andere Leute überzeugen kann.	J T N
Ich verfüge über die für meine Gründung notwendigen formalen Abschlüsse (Meisterbrief, Diplom etc.)	J T N
Ich verfüge über solide Fach- und Branchenkenntnisse.	J T N
Ich bin bereit, mich ständig fachlich weiterzubilden (z. B. durch Fortbildungsveranstaltungen und Fachliteratur).	J T N
Ich habe mir bereits ein detailliertes Bild über die Marktchancen meines Vorhabens gemacht.	J T N

Test (Fortsetzung)	
Es ist für mich selbstverständlich, den Markt für mein Angebot ständig zu beobachten, um Trendwenden und neue Marktchancen rechtzeitig zu erkennen.	J T N
Ich habe mir die notwendigen kaufmännischen und betriebswirtschaftlichen Kenntnisse für die Führung eines Betriebes angeeignet.	J T N
Ich bin bereit, meine kaufmännischen und betriebswirtschaftlichen Kenntnisse ständig zu erweitern.	J T N
Ich bin bereit und in der Lage, auch eine längere finanzielle Durststrecke zu überstehen.	J T N
Ich verfüge über genügend Reserven, um unvorhergesehene finanzielle Engpässe in der Anfangsphase zu überstehen.	J T N
Ich bin bereit, längere Zeit spürbare Abstriche bei Freizeit und im Familienleben zu machen.	J T N
Ich habe mein Vorhaben gründlich geplant und mir ausreichend Zeit für die notwendigen Vorbereitungen zugestanden.	J T N
Ich habe mein Vorhaben mit Fachleuten (Betriebsberater, Steuerberater, Bankmitarbeiter usw.) gründlich besprochen.	J T N
Ich habe mich ausgiebig mit den gesetzlichen Rahmenbedingungen meines Vorhabens beschäftigt.	J T N
Meinen Planungen liegt eine realistische Kalkulation zugrunde.	J T N

Test (Fortsetzung)	
Ich bin bereit, bei fehlenden Fachkenntnissen mit einem spezialisierten Partner zusammenzuarbeiten.	J T N
Es fällt mir leicht, Kontakte zu anderen Menschen aufzunehmen und auf sie einzugehen.	J T N
Ich traue es mir zu, andere Menschen anzuleiten und zu motivieren.	J T N
Es fällt mir leicht, in Verhandlungen mit Geschäftspartnern, Lieferanten, Kunden, Banken und Behörden meine Interessen erfolgreich zu vertreten.	J T N
Es gelingt mir meist gut, andere Menschen von meinen Ideen zu überzeugen.	J T N
Meine Angehörigen unterstützen meinen Plan, eine selbstständige Existenz aufzubauen.	J T N
Meine Angehörigen sind bereit, regelmäßig oder wenigstens bei Bedarf mitzuhelfen.	J T N

AUSWERTUNG Geben Sie sich für jedes Ja zwei Punkte und für jedes Teils-teils einen Punkt. Für ein Nein gibt es keinen Punkt.

Bei *mehr als 36 Punkten* bringen Sie gute Voraussetzungen für eine erfolgreiche Karriere als Selbstständiger mit.

Kritisches Überdenken einer Situation hilft immer weiter

Bei *weniger als 18 Punkten* sollten Sie Ihr Vorhaben nochmals kritisch überdenken, ohne dabei aber zu verzweifeln oder aufzugeben. Vielleicht haben Sie sich nur auf eine derzeit weniger geeignete Branche oder ein zu enges Angebot konzentriert und Ihre Geschäftsidee zu kurzfristig geplant? Möglicherweise genügen schon kleine Änderungen, um Ihr Konzept wieder in einem ganz anderen Licht erscheinen zu lassen? Also: Zurück zum Ausgangspunkt und nochmals überlegen – und überschlafen.

Gründungsvorbereitungen

Mancher Existenzgründer scheint ein rechtes Glückskind zu sein: Er kommt auf eine neuartige Idee, setzt sie blitzschnell um und erwirtschaftet einen ansehnlichen Profit – bis die Konkurrenz den Umsatz schmälert oder ihn sogar vom Markt verdrängt.

BEISPIEL
Uwe N. ist ein begeisterter Taucher und Unterwasserfotograf. Im letzten Urlaub hat er – zunächst nur zum Spaß – damit angefangen, nicht nur Fische und Wasserpflanzen, sondern auch andere Taucher mit seiner Unterwasserkamera aufzunehmen und die Bilder und Filme gleich am Strand zu verkaufen. Das Geschäft lief sehr gut – bis ein besser ausgerüsteter Konkurrent auftrat und Uwe aus dem Geschäft drängte. In der Zwischenzeit jedoch hatte Uwe bereits gutes Geld verdient.

Schneller Erfolg

Solche schnellen Erfolge, die auf eine gute Idee zurückgehen, sind oft nicht dauerhaft, und so kann es zweckmäßig sein, seinen gesamten Arbeitseinsatz nicht gleich für eine Neugründung aufzuwenden, sondern erst einmal – durch eine andere selbstständige oder abhängige Beschäftigung oder einen Partner gesichert – zu testen, ob sich die Geschäftsidee langfristig ausbauen lässt. Die selbstständige Tätigkeit bzw. das Gewerbe wird dann nebenher ausgeübt. Dies ist häufig dann der Fall, wenn man ein Hobby pflegt, aus dem man neben dem ideellen auch einen materiellen Gewinn ziehen möchte. Eine solche Tätigkeit gilt aber steuerrechtlich als Gewerbe und muss daher angemeldet werden.

Geschäftsidee langfristig vorausplanen

BEISPIEL
Peter Z. ist ein engagierter Schiffsmodellbauer und hat mit seinen naturgetreuen Nachbildungen bei Wettbewerben schon manche Preise errungen. So ist es kein Wunder, dass er immer wieder von Zuschauern gebeten wird, auch für sie gegen Bezahlung ein Modell zu bauen. Soweit es ihm seine Freizeit

erlaubt, geht Peter gerne darauf ein und freut sich über seinen nicht unbeträchtlichen Zusatzverdienst, bis eines Tages – durch die Denunziation eines neidischen Clubkameraden – das Finanzamt auf ihn aufmerksam wird.

Einstufung eines Hobbys als Erwerbstätigkeit

Die Abgrenzung einer Hobbytätigkeit von einer steuerpflichtigen selbstständigen Tätigkeit ist nicht leicht. Ausschlaggebend für die Einstufung als Erwerbstätigkeit ist die Absicht, über einen längeren Zeitraum einen Gewinn zu erzielen. Es gibt allerdings auch den umgekehrten Fall: wenn ein Hobby als nebenberufliche Erwerbstätigkeit angemeldet wird, um durch erzielte Verluste Abschreibungsmöglichkeiten zu nutzen. In solchen Fällen verweigert das Finanzamt die Anerkennung als Erwerbstätigkeit bzw. stuft diese nach einer gewissen Zeit schließlich als Hobby ein.

BEISPIEL

Benno R., Autohändler und begeisterter Segler, hat sich ein neues hochseetüchtiges Boot zugelegt. Um einen Teil der enormen Anschaffungs- und Unterhaltskosten hereinzubekommen, vermietet er (für das Finanzamt) sein Boot und gründet dazu die mit Verlust arbeitende (Schein-)Firma „Rainbow Sailing".

Eine Marktnische finden

Kehren wir zurück zu den ernsthaften Existenzgründern: Will jemand auf längere Sicht im Geschäft bleiben, kommt es darauf an, von der Geschäftsidee zur Marktnische zu finden, d. h. für ein bestimmtes Produkt- oder Dienstleistungsangebot eine einigermaßen beständige Nachfrage zu finden bzw. zu schaffen. Bei vielen Ideen glückt dies nicht, z. B. weil sie nur einen sehr kleinen Kundenkreis ansprechen oder nur einen kurzen Mode- und Neuigkeitseffekt nutzen. Originalität allein reicht oft nicht aus.

BEISPIEL

Hermann N. und Fritz F. richten in der Fußgängerzone einer Großstadt einen Sänftendienst ein: Eine Viertelstunde lang befördern sie für DM 30,– müde Passanten in einer einem historischen Vorbild nachempfundenen Sänfte durchs Gewühl. Am Anfang läuft das Unternehmen recht gut, die Lokalpresse berichtet darüber sogar. Bald aber geht das Publikumsinteresse zurück, denn man hat sich an die Sänfte gewöhnt und ihre

Benutzung garantiert dem Kunden nun keine besondere Aufmerksamkeit mehr. Nach einem halben Jahr wird das Unternehmen schließlich aufgegeben.

Mit neuen Ideen eine Nachfrage wecken

Wie die Beispiele des Unterwasserfotografen und des Sänftendienstes zeigen, muss eine Nachfrage nicht unbedingt schon bestehen; sie kann auch geweckt werden. Unsere moderne Wirtschaft ist gerade dadurch charakterisiert, dass vielfach erst einmal neue Bedürfnisse geschaffen werden, für die zunächst gar kein Verständnis besteht, wie z. B. Weichspüler, dreilagiges Toilettenpapier, Geländewagen, Mountainbikes u. v. m. zeigen. Man mag dies unter ökologischen Gesichtspunkten bedauern, doch gibt es keinen Grund, warum nur große Firmen davon profitieren sollten. Kleinbetriebe im Produktionsbereich tun sich bei der Weckung neuer Bedürfnisse allerdings insofern schwerer, als sie in der Regel nicht die notwendigen Mittel für ***Marktforschung** und ***Werbung** aufbringen können – und im Erfolgsfall aufgrund unzureichender Kapazitäten die Nachfrage dann auch nicht ausreichend befriedigen können. Im Dienstleistungsbereich sieht es dagegen deutlich günstiger aus.

Bei der Kreation neuer Produkt- und Dienstleistungsideen sollten Sie allerdings die Intelligenz der potenziellen Kunden nicht unterschätzen. Mit einer entsprechenden Werbung lässt sich zwar vieles an den Mann bzw. die Frau bringen, doch gibt es auch Grenzen.

In der Abgrenzung von vorhandenen Angeboten und der Spezialisierung auf bestimmte (vorhandene, geweckte oder erzeugte) Bedürfnisse, in der sorgfältigen Auswahl und Zusammenstellung von Waren- und Dienstleistungsangeboten liegt die besondere Chance kleiner und mittlerer Betriebe. Dies gilt vor allem dann, wenn die Firma alleiniger Anbieter ist bzw. wenn es sich um ein im Vergleich zur Konkurrenz technisch überlegenes oder besonders preiswertes Produkt handelt. Auch mit einem besonderen Service kann man sich gegen etablierte Mitbewerber durchsetzen – zumindest so lange, bis auch sie die Idee aufgreifen. Zum Vorteil des Kunden.

Oft kommt es gar nicht so sehr darauf an, dass Produkte oder Dienstleistungen neu oder besonders attraktiv sind, sondern dass sie so erscheinen, z. B. durch eine entsprechende Präsentation oder durch das Hervorheben von Qualitäten, die dem Produkt für den Abnehmer einen besonderen, imagefördernden Wert verleihen. Aufmachung und * **Werbung** können das Käuferverhalten stärker beeinflussen als ein günstiger Preis. Wer z. B. Schokoladenkekse oder Getränke so präsentiert, dass sich beim Verbraucher die Assoziation mit einem aufwendigen Lebensstil und mit der Zugehörigkeit zu einer höheren Sozialschicht einstellt, kann bei der entsprechenden * **Zielgruppe** auch einen an sich ungerechtfertigt hohen Preis durchsetzen.

Für die weitere Darstellung gehen wir davon aus, dass Sie jetzt sicher sind, welche Produkte bzw. Dienstleistungen Sie Ihren Kunden anbieten wollen. Nun beginnt die eigentliche Planungs- und Vorbereitungsphase. Über den Wert einer gründlichen Planung bedarf es eigentlich nicht vieler Worte. Überstürztes Handeln und spontane Entscheidungen im Zusammenhang mit einer Existenzgründung sind sehr riskant.

Fachleute betonen immer wieder, wie vorteilhaft es ist, sich für ein solches Vorhaben genügend Zeit zu lassen und diese Zeit auch sinnvoll zum Sammeln wichtiger Informationen und zur Beratung zu nutzen. Für die Dauer der eigentlichen Vorbereitungen kann man natürlich keinen verbindlichen Rat geben, da die Größe des Unternehmens, aber auch Branche, Standort, fachliche und kaufmännische Vorbildung des Gründers, seine Branchenerfahrung u. v. m. darauf einen direkten Einfluss haben.

Gründlich geplante Unternehmen haben größere Erfolgschancen

Betriebe, die von ihren Gründern besser und professioneller „vorgedacht“ wurden, haben bessere Überlebenschancen. Wie z. B. die schon zitierte „Münchner Gründerstudie“ zeigt, sind diejenigen Firmengründer erfolgreicher, die sich eine längere Vorbereitungszeit genommen, sich an Vorbereitungsaktivitäten (Gespräche, Schulungen, Informationsveranstaltungen, Exsistenzgründungsseminare z. B. des Arbeitsamts, Marktbeobachtung, Planung des Unternehmens usw.) stärker beteiligt und öfter Experten wie Steuer- und Unternehmensberater, Vertreter von Kreditinstituten, Mitarbeiter der Industrie- und Handelskammer und von Verbänden (siehe dazu das Adressenverzeichnis im Anhang) um Rat gefragt haben. Bereits ein Jahr vor der beabsichtigten Gründung sollten auch erste Kontakte mit den zuständigen Behörden (Gewerbeamt, Finanzamt) aufgenommen werden, um alle notwendigen Formalitäten so früh wie möglich erledigen zu können.

Wenn guter Rat – besonders soweit es sich um Einzelberatungen handelt – auch nicht immer kostenlos ist (z. B. bei Steuer- und Unternehmensberatern), sollten Sie keinesfalls darauf verzichten – zumal Sie die Rückerstattung der Kosten beantragen können. Achten Sie darauf, dass es sich dabei immer um kompetente und seriöse Berater ohne Nebenabsichten handelt. Lassen Sie sich auch von seriösen kostenlosen Beratungsangeboten (z. B. der Kreditinstitute) nicht unter Druck setzen.

Nehmen Sie Informations- und Beratungsangebote in Anspruch

Nutzen Sie die Informations- und Beratungsangebote der zuständigen Industrie- und Handelskammer bzw. der Handwerkskammer. Dort werden auch weiterführende (und teilweise sogar bezuschusste) Beratungen vermittelt. Als Anhaltspunkte für die eigenen Planungen sind die bei der Industrie- und Handelskammer einzusehenden * **Betriebsvergleichsergebnisse** aufschlussreich.

Dabei ist jedoch zu berücksichtigen, dass es sich nur um Durchschnittswerte handelt, d. h., dass regionale Unterschiede nicht berücksichtigt werden und dass einige wichtige Daten (z. B. Angaben über Mietbelastungen) entscheidend durch Altverträge geprägt sind. Das schränkt ihre Aussagekraft für Neugründungen natürlich deutlich ein.

Bei den Beratungsstellen erhalten Sie meistens auch eine Fülle an Informationsmaterial, das auf die wesentlichen Themen (Kapitalbedarf, Kapitalbeschaffung, Fördermöglichkeiten, Wahl der Rechtsform, Versicherungsfragen, Abschreibungen) ausführlich eingeht. Eine wertvolle Hilfe sind die verschiedenen Schriften, die vom Bundesministerium für Wirtschaft, von den Wirtschaftsministerien der Länder oder von Kreditinstituten herausgegeben werden. Viele Berater machen allerdings die ernüchternde Erfahrung, dass die Informationsblätter und Broschüren oft nur recht oberflächlich gelesen werden. Nicht selten bestehen allerdings auch überzogene Erwartungen an die Beratung. Sie kann weder unrealistische Konzepte absegnen noch günstige Kredite vermitteln oder Garantien für den Geschäftserfolg der Gründung übernehmen. Da man aber bei einer solchen Beratung Ihre spezielle Situation (z. B. Branchenbedingungen, Konkurrenzsituation vor Ort, vorhandenes Humankapital, besondere Probleme) berücksichtigt, kann man dort natürlich auch viel gezielter auf Ihre besonderen Fragen und Bedürfnisse eingehen, als dies ein noch so umfangreiches Buch bieten kann.

Dass das vorhandene Beratungsangebot zum Teil nur unzureichend genutzt wird, liegt zum einen an den Existenzgründern selbst, zum anderen aber auch an den Beratern: Beratung ist oft nicht umsonst, doch kann ein Großteil der anfallenden Kosten steuerlich geltend gemacht werden oder durch Existenzgründungshilfen (vgl. das Kapitel „Der Kapitalbedarf") übernommen werden. Ein anderes Motiv für die Beratungsscheu besteht darin, dass sich manche Ratsuchende als Bittsteller fühlen, wozu manchmal auch ein pompöser äußerer Rahmen der Beratungsstelle oder das kühl-überlegene Verhalten mancher Berater beiträgt. Bedenken Sie aber, dass die Beratungsstelle letztlich von Ihnen lebt, d. h. Sie sichern – auch durch Ihre „naiven" Fragen – deren Existenz. Wenn Sie von oben herab oder ungeduldig behandelt werden, spricht das gegen die Beraterausbildung und nicht gegen Sie oder Ihr Konzept! Glücklicherweise haben Sie es aber in der Regel mit fachlich und psychologisch gut geschulten Experten zu tun.

Die Vorbereitung auf eine Beratung

Es macht nicht nur einen guten Eindruck, sondern nützt Ihnen auch selbst, wenn Sie sich auf die Beratung gut vorbereiten, indem Sie sich alle Fragen notieren und eigene Vorstellungen äußern.

Beachten Sie dabei besonders folgende Punkte:

So machen Sie sich fit für die Beratung

- Inwieweit handelt es sich bei meiner Geschäftsidee um ein realistisches Konzept, mit dem sich auch auf Dauer ein befriedigender Lebensunterhalt sichern lässt?
- Sind die wirtschaftliche Situation und die allgemeine Konjunkturlage meinen Plänen förderlich oder ist es besser, mit der Umsetzung auf günstigere Rahmenbedingungen zu warten?
- Gründen sich meine bisherigen Überlegungen zum Kapitalbedarf, zum erzielbaren Gewinn usw. auf (noch) gültige Annahmen und Schätzwerte?
- Welche finanziellen Voraussetzungen sind für mein Gründungsvorhaben zu erfüllen? Wie groß ist mein Eigenkapital? Wie viel Fremdkapital muss ich aufbringen?
- Welche besonderen Risiken sind mit dem Vorhaben verbunden und wie können sie ggf. vermindert werden (z. B. durch Versicherungen oder durch die Wahl einer geeigneten Rechtsform)?

- Ist es günstiger, von Anfang an „groß“ einzusteigen und sich dafür notfalls auch höher zu verschulden oder sollte ich besser vorsichtig und bescheiden (z. B. auch über eine Hobbytätigkeit) beginnen?
- Reichen meine Fach-, Branchen- und Marktkenntnisse für einen erfolgreichen Start aus? Wo und wie kann ich vorhandene Wissenslücken schließen?
- Welche Leistungsnachweise (Meisterbrief, Diplom) sind notwendig? Wie und wo kann ich die entsprechenden Qualifikationen – falls nicht vorhanden – nachträglich noch erwerben? Gibt es eine Möglichkeit, diese formalen Bedingungen legal zu umgehen?
- Welche ***Rechtsform** ist für mein Vorhaben unter den konkreten Voraussetzungen, die ich einbringe, am geeignetsten? Welche Änderungen in der Rechtsform gilt es ggf. zu erwägen?
- Welche konkreten praktischen Schritte sind in welcher Reihenfolge vorzunehmen (z. B. Gewerbeanmeldungen, Finanzamt, Versicherungen, Berufsgenossenschaft)?
- An wen kann ich mich mit speziellen Problemen um Rat wenden (z. B. bei der Erstellung von Markt- und Kostenanalysen oder bei der Standortfindung)? Welche Aufwendungen sind damit verbunden? Bestehen Möglichkeiten, sich diese Kosten ganz oder teilweise ersetzen zu lassen?

Verfeinern Sie nach der Beratung Ihr Konzept

Diese Fragen sollten Sie in der Vorbereitungsphase immer wieder durchdenken und diskutieren. Gerade die wiederholte Beschäftigung führt zur Klärung bei anfangs noch „verschwommenen“ Konzepten. Lassen Sie sich nicht entmutigen, wenn man Ihnen bei der Beratung von Ihrem Vorhaben abrät. Dahinter steckt kein böser Wille, sondern das verantwortungsvolle Bemühen, Ihnen vorhersehbare Misserfolge zu ersparen. Betrachten Sie eine skeptische Einschätzung als Ansporn zur Verbesserung Ihres Konzepts; mitunter genügen schon kleine Veränderungen, um eine grundsätzlich gute Idee zu realisieren und den Start zu optimieren.

UNSER TIPP Sprechen Sie Ihre Geschäftsidee und die Realisierungschancen gründlich und auch immer wieder mit kritisch-wohlwollenden Freunden und Bekannten durch. Vier Augen sehen meist mehr als zwei und gerade Außenstehende tun sich oft leichter, Hindernisse und Fallstricke zu erkennen. Dies kann auch eine gute Vorbereitung für die sehr gezielten Fragen der Bank bei der * **Kreditwürdigkeitsprüfung** sein (vgl. das Kapitel „Der Kapitalbedarf").

Wenn Sie sich unsicher fühlen und keine geeigneten Freunde und Bekannten haben, können Sie sich auch einem Gesprächskreis von Gründern und Gründungswilligen anschließen oder selbst einen ins Leben rufen. Oft ergibt sich so etwas ganz zwanglos im Zusammenhang mit einem Kurs (z. B. „Existenzgründung" oder „Mindestbuchführung für Selbstständige"). Sie könnten aber auch eine entsprechende Anzeige aufgeben.

Professionelle Beratung ist unabdingbar

Unverzichtbar aber ist, dass Sie sich professionelle Beratungshilfe suchen, d. h. Steuer- und Unternehmensberater oder Mitarbeiter der Kreditinstitute und der Kammern.

Marktforschung vor dem Start

Jeder Existenzgründer muss sich darüber Gedanken machen, ob er für sein Angebot im Einzugsbereich auch genügend Käufer und Kunden findet. Dazu muss man nicht immer teure Spezialisten beauftragen. Eigene Marktforschungsaktivitäten bringen nicht nur eine Kostenersparnis, sondern bieten auch viele Lernchancen.

BEISPIEL

Erika P. möchte in einem gerade frei gewordenen Ladengeschäft in ihrem Wohnblock einen Naturkostladen eröffnen. In der näheren Umgebung gibt es zwar keine Konkurrenz, doch ist die Publikumsfrequenz auf der Straße relativ gering; sie zählt durchschnittlich 30 Passanten pro Stunde. Sie ist also, da sie von der Laufkundschaft nicht leben kann, auf Stammkunden angewiesen, um die sie sich durch besonderen Service, Freundlichkeit und Aufgeschlossenheit bemühen muss.

Schon aus diesem Grund ist es notwendig, die Schaufensterwerbung durch Zeitungsinserate, Handzettel, Plakate u. a. zu ergänzen. Es ist hilfreich, sich auch Gedanken über die soziodemographische Struktur der Bewohner des Stadtviertels zu machen: Welche Leute wohnen hier (Alter, Bildungsstand, Einkommen, Ausländeranteil)? Wie ist die Konkurrenzsituation?

> Solche und ähnliche Fragen lassen sich durch aufmerksame Beobachtungen und Gespräche beantworten.

Projekte nicht überstürzt angehen

Zu den größten Fehlern eines Gründers gehören überstürzte Projekte, d. h. der Verzicht auf Markt- und Zielgruppenanalysen und damit einigermaßen zutreffende Umsatzprognosen. Manche Existenzgründer meinen, es würde genügen, erst einmal „da" zu sein und Werbung zu machen, die billig ist und ihnen persönlich zusagt. Das kann sich aber als kostspieliger Irrtum herausstellen. Eine gute Werbung kann unter Umständen auch gravierende Standortnachteile (vgl. das Kapitel „Die Wahl des richtigen Standorts") ausgleichen.

Markt und Zielgruppe analysieren

Falls Sie es nicht schon getan haben, müssen Sie zunächst Ihre Zielgruppe möglichst genau bestimmen. Sie müssen wissen, wie Sie an „Ihre" Kunden herankommen, welche Sprache Sie wählen müssen und welche Werbemittel dazu passen. Dazu ist es wichtig, sich in die Rolle des Kunden hineinzuversetzen: Welche Voraussetzungen und Erwartungen bringt er mit? Was interessiert ihn? Was motiviert ihn zu weiteren Schritten, d. h. vor allem zur Entscheidung, sich mit Ihrem Angebot näher zu befassen?

> ***BEISPIEL***
> Hans Z., Sportlehrer, und Eva M., Krankengymnastin, haben ein kleines Hallenbad gepachtet. Da sie im Preis nicht mit den öffentlich subventionierten Bädern konkurrieren können, sind für sie auch deren häufigste Besucher – Jugendliche, Rentner, Mütter mit Kleinkindern, Mitglieder von Schwimmvereinen – weniger interessant. Sie sehen ihre Zielgruppe hauptsächlich in den Angehörigen höherer Einkommensgruppen, die ein Bad nicht nur in seiner vordergründigen Funktion als Sportstätte sehen, sondern auch als gepflegtes und doch lockeres Entspannungs- und Begegnungszentrum. Neben Sauna, römisch-irischem Schwitzbad, Whirlpool, FKK-Abteilung, Wasserrutschen, Wellenbetrieb und zahlreichen Fitness-Geräten sorgen eine Bar, Spielgeräte, Animation, ein breit gefächertes Kreativangebot und nicht zuletzt eine durchdachte Gestaltung für ein luxuriöses und großzügiges Ambiente, das den Gästen reichlich Gelegenheit zu Kommunikation und Selbstdarstellung bietet. Natürlich richten sie ihre Werbung auch darauf aus. Hoch-

glanzbroschüren, ästhetisch ansprechende Plakate, Annoncen in Szene-Zeitschriften, witzige Werbespots im lokalen Privat-TV, Sonderveranstaltungen mit Prominenten, über die auch die Tageszeitungen berichten u. v. m. sorgen dafür, dass ihr Bad bald das Image eines exklusiven Treffpunkts für die höheren Sozialschichten bekommt, in dem eine liberalere und weniger sterile Atmosphäre herrscht als in den städtischen Badeanstalten.

Wenn Sie feststellen, dass Ihren Werbebemühungen kein Erfolg beschieden ist, sollten Sie unbedingt nach möglichen Fehlerquellen sowohl beim Angebot, bei der Zielgruppenauswahl als auch bei der Werbung suchen:

Fehlersuche bei Nichterfolg

- Ist Ihr Angebot im Vergleich zur Konkurrenz zu teuer oder bieten Sie weniger (auch an Service, Beratung, Zusatzleistungen) als die Konkurrenz?
- Hat Ihre Zielgruppe nicht genügend Kaufkraft (z. B. wenn Sie sich zu sehr auf Jugendliche oder Rentner konzentriert haben)?
- Konnten Sie Ihre Zielgruppe nicht richtig ansprechen (z. B. wenn Sie in Ihrer Werbung ein zu modisch-umgangssprachliches Niveau gewählt haben, das nicht zum Image des Produkts passt, das Sie vermitteln wollen)?
- Kommt die Gestaltung Ihres Werbematerials bei Ihrer Zielgruppe nicht an (z. B. wenn Sie sich zu sehr an Ihren eigenen ästhetischen Vorstellungen orientiert haben)?
- Haben Sie die falschen Werbeträger ausgewählt (z. B. in Anzeigenblättern inseriert, die Ihre Zielgruppe selten liest, mit billigen Handzetteln für hochwertige Produkte geworben usw.)?
- Haben Sie überhaupt den Äußerlichkeiten zu wenig Aufmerksamkeit gewidmet? Ebenso wie der Wert eines Menschen wird leider oft auch die Seriosität eines Betriebs von Außenstehenden und damit auch von potenziellen Kunden nach sehr oberflächlichen Kriterien beurteilt. Eine schöne Fassade bringt einen Vertrauensvorschuss, der sich dann – durch einen günstigen Start und geringe Anfangsschwierigkeiten – im Nachhinein über den Mechanismus der sich selbst erfüllenden Prophezeihung (ein zunächst unwahrscheinliches Ereignis tritt gerade dadurch ein, dass sich die Vorstellung seines Eintretens verbreitet) – zu bewahrheiten scheint. Dies spricht dafür, der Außenwir-

kung oder dem Image des Betriebs einige Aufmerksamkeit zukommen zu lassen (dazu mehr im Kapitel „So finden Sie die ersten Kunden").

Die zeitliche Abfolge der Gründungsschritte

Vielleicht haben Sie die bisherigen Ausführungen zur beruflichen Selbstständigkeit und zur Firmengründung etwas verwirrt, gilt es doch, eine Vielzahl von Voraussetzungen, Anforderungen und Erwartungen sorgfältig zu bedenken und dann auch gewissenhaft zu erfüllen. Es ist aber sehr wichtig, dass Sie Ihre Motive, Ihre Ziele und Voraussetzungen und Ihr Vorhaben immer wieder kritisch überprüfen. Erst wenn Sie eine gewisse grundsätzliche Sicherheit gewonnen haben, sollten Sie die konkreten Schritte zur Gründungsvorbereitung einleiten.

Kritisches Überprüfen vor konkreten Schritten

1. Schritt: Finanzierung

Zunächst gilt es, mit Ihrer ⋆ **Hausbank** Kontakt aufzunehmen und mit ihr Gespräche über die Finanzierung des Vorhabens zu führen. Dies ist vor allem dann notwendig, wenn öffentliche Mittel beantragt werden sollen (vgl. das Kapitel „Der Kapitalbedarf"). Für diese Verhandlungen sollte ein gut durchdachtes, vollständiges und möglichst auch schriftliches Konzept vorliegen. Wichtige Punkte darin sind: Geschäftsidee, Marktanalyse, Gewinnerwartungen, Kapitalbedarf, Eigenmittel. Dabei wird sich auch eine ansprechende äußere Form vorteilhaft auswirken.

Berücksichtigen Sie, dass Sie in der Regel keine öffentlichen Mittel mehr bekommen, wenn Sie mit Ihrem Vorhaben bereits begonnen haben (Ausnahme: die Anmietung von Räumen).

2. Schritt: Rechtsform

Die eigentliche Gründung beginnt mit der Schaffung der ⋆ **Rechtsform** für das Unternehmen (vgl. das Kapitel „Die Suche nach der geeigneten Rechtsform"), indem Sie beim Gewerbeamt das Gewerbe anmelden oder z. B. mithilfe eines Notars eine ⋆ **GmbH** gründen.

3. Schritt: Geschäftsaufbau

Nun können Sie die erforderlichen Investitionen tätigen, Gewerberäume anmieten, einen Warenbestand anlegen, im Marketing aktiv werden usw.

CHECKLISTE GRÜNDUNGSVORBEREITUNG

Es handelt sich dabei um keine strenge zeitliche Abfolge, da diese Aktivitäten teilweise parallel laufen können (bzw. müssen).

- Informationsmaterial besorgen
- Formale Voraussetzungen klären
- Sich nach geeigneten Kursen und Schulungen erkundigen
- Geeignete Kurse und Schulungen belegen und besuchen
- Marktbeobachtungen (z. B. durch Fachzeitschriften)
- Überlegen, ob ein gut gehender Betrieb übernommen werden kann
- Überlegungen zur * **Rechtsform**
- Kontakt mit Berufsverband
- Ermittlung des Kapitalbedarfs
- Ermittlung des Eigenkapitals
- Ermittlung des notwendigen Fremdkapitals
- Suche nach einer guten * **Hausbank**
- Überlegungen zum optimalen Standort
- Kontakt mit Gewerbeamt
- Kontakt mit Finanzamt
- Kontakt mit Steuerberater
- Sich über Existenzgründungshilfen informieren
- Kontakt mit der Industrie- und Handelskammer: Erkundigung nach Beratungsangeboten
- * **Betriebsvergleichsergebnisse** anfordern
- Sich ggf. um mögliche Geschäftspartner bemühen
- Kontakte mit zukünftigen Lieferanten
- Fachwissen und Branchenkenntnisse aktualisieren
- Kaufmännische und betriebswirtschaftliche Kenntnisse erwerben bzw. aktualisieren

Wer Existenzgründungshilfen in Anspruch nimmt, muss bei der Beantragung schriftlich seine Pläne darlegen. Auch wenn Sie keine solchen Hilfen brauchen oder bekommen, sollten Sie aber auch nur für sich (und möglichst mithilfe Ihres Steuerberaters und/ oder eines anderen Beraters)

Existenzgründungshilfen

- einen Finanzplan (vgl. das Kapitel „Der Kapitalbedarf")
- einen Investitionsplan,
- eine Marktanalyse,
- eine Umsatzprognose,
- eine Kostenprognose,
- eine Gewinnprognose,
- einen Liquiditätsplan erstellen bzw. erstellen lassen.

Die Wahl des richtigen Standorts

Über die entscheidende Bedeutung des Standorts für den Geschäftserfolg besteht kaum ein Zweifel, doch kommt es natürlich auch hier ganz entscheidend auf die Branche und die Art der Tätigkeit an. Es gibt relativ standortunabhängige Gründungen und andere, die davon extrem abhängig sind (z. B. eine Imbissbude); zudem sind die einzelnen Kriterien von Branche zu Branche recht verschieden.

Offene Fragen vor der Gewerbeanmeldung klären

Oft gibt es anfangs gar keine Möglichkeit zur Standortentscheidung, d. h. der Gründer ist (wenigstens zunächst) auf sein Haus, seine Wohnung oder den übernommenen Gewerbebetrieb angewiesen. Allerdings kann man nicht jede Wohnung in einen Geschäfts- oder Gewerberaum umwandeln. Abgesehen von der notwendigen Zustimmung des Vermieters ist in manchen Orten für eine derartige „Zweckentfremdung" die Genehmigung der Kreisverwaltungsbehörde erforderlich. Weitere Einschränkungen ergeben sich durch die Baunutzungsverordnung, die die Einrichtung von Gewerbebetrieben in bestimmten Gebieten, z. B. wegen der damit verbundenen Lärmbelastung und Rauchemission, untersagt oder beschränkt. Bei der Beschäftigung von Arbeitnehmern müssen die Anforderungen der Arbeitsstättenverordnung z. B. bei den Raumabmessungen beachtet werden. Für Betriebe, die mit der Herstellung, Lagerung oder dem Verkauf von Lebensmitteln zu tun haben, gelten besondere Hygienevorschriften, ebenso für Gaststätten, für die noch die Gaststättenbauverordnung zu beachten ist. Hier auftauchende Fragen sollte man auf jeden Fall vor der Gewerbeanmeldung beim Gewerbeamt, Gewerbeaufsichtsamt und der Baubehörde verbindlich und schriftlich klären. Es lohnt sich eventuell, bei Komplikationen Abstriche am ursprünglichen Konzept zu machen.

BEISPIEL
Edith S. möchte eine Konditorei mit Café aufmachen und hat dafür schon einen günstig gelegenen Laden gefunden. Es handelt sich dabei um ein altes Haus, das unter Denkmalschutz steht, sodass bauliche Veränderungen sehr kostspielig und auch schwierig umzusetzen sind. Um das Café eröffnen zu dürfen, wäre es aber notwendig, für entsprechende Toilettenräume zu sorgen. Indem sie sich mit einem Steh-Café begnügt, kann sie diese Vorschrift umgehen.

Betriebswirtschaftliche Überlegungen in den Vordergrund stellen

Auch wenn man in der eigenen Wohnung mit dem Betrieb beginnen kann, stellt sich meist irgendwann doch die Standortfrage. Dabei sollten Sie emotionale Bindungen zugunsten betriebswirtschaftlicher Überlegungen zurückstellen und dabei ggf. auch die Hilfe von Fachleuten (z. B. Unternehmensberater, RKW, GfH, BBE oder DEHOGA; siehe das „Verzeichnis häufiger Abkürzungen“ auf Seite 10) in Anspruch nehmen.

Bei der Standortentscheidung handelt es sich um ein komplexes Problem, wirken sich doch hier u. a. die Konkurrenzsituation, das Kundenpotenzial (gibt es dort genügend Nachfrage für das angebotene Produkt bzw. die offerierte Dienstleistung?), die Infrastruktur (Lage in der Stadt; Verkehrsanbindung) und gesetzliche Bestimmungen aus. Entscheidend ist, dass man sich Gedanken über den erforderlichen jährlichen bzw. monatlichen Mindestumsatz der Gründung macht. Nach den Erfahrungen von IHK-Mitarbeitern beträgt dieser z. B. für eine „Pilsstube“ zwischen DM 100 000 und DM 150 000, für ein Schreibwarengeschäft (mit Lotto-Toto-Annahmestelle) mindestens DM 500 000 und für ein Lebensmittel-Einzelhandelsgeschäft etwa DM 1 000 000. Es kann durchaus vorkommen, dass man einen bestimmten Mindestumsatz nachweisen muss, um überhaupt einen Mietvertrag zu bekommen.

Trends mit einbeziehen

So gut wie möglich sollten hier auch zukünftige Trends und Planungen einbezogen werden. Zumindest für den Anfang empfiehlt es sich, keine allzu langfristigen Mietverträge abzuschließen. Viele Gründer sind schon dadurch ruiniert worden, dass sie den Mietvertrag nicht kündigen konnten, obwohl sie das Gewerbe längst abgemeldet hatten.

Soweit möglich, sollte man „Heimvorteile“ nutzen, also z. B. das Gewerbe an dem Ort eröffnen, an dem man bekannt ist oder wenigstens mit Sympathievorteilen rechnen kann. Ein türkischer Lebensmittelhändler tut beispielsweise gut daran, sein Geschäft in einem Stadtviertel aufzumachen, in dem viele seiner Landsleute wohnen. Der Heimvorteil ist aber nicht nur räumlich oder ethnisch zu sehen. So haben es Frauen oft in „frauenspezifischen" Bereichen (Schreibbüros, Boutiquen, Blumen, Kosmetik, Reinigungs- und Pflegedienste) leichter als in Männer-Domänen. Dies lässt sich verallgemeinern: Bessere Chancen für eine Neugründung bestehen in solchen Bereichen, in denen schon immer Menschen mit ähnlichen Merkmalen wie der Neuunternehmer tätig sind.

Standortfaktoren sind nicht ein für alle Mal gültig. Durch den Bau einer Untergrundbahn kann es beispielsweise zu einer erheblichen Reduzierung der Laufkundschaft kommen. Davon ist aber ein Lebensmittelhändler stärker betroffen als ein Dienstleistungsunternehmen in der Computerbranche oder ein Spezialgeschäft für Bergsteigerausrüstung. Bei den Überlegungen für den Standort sollte man auch die weiteren Expansionsmöglichkeiten im Auge behalten: Anfangs mag ein kleines Ladengeschäft im Zentrum ausreichen. Hat man sich aber erst einmal einen Namen gemacht und damit einen festen und ausreichend großen Kundenstamm erworben, so ist eine weniger zentrale Lage vielleicht kein allzu hoher Preis für ein ausreichend großes und erweiterungsfähiges Geschäft oder Betriebsgelände im abgelegeneren Industrie- und Gewerbegebiet. Häufig besteht dabei das nur immer für den jeweiligen Einzelfall zu lösende Dilemma zwischen einem kundengünstigen Standort mit hoher Miete und einem kundenfernen Standort, der einen hohen Werbeaufwand fordert (wie z. B. bei Großmärkten am Stadtrand).

Expansionsmöglichkeiten ausloten

Auch wenn Standortentscheidungen korrigiert werden können, sollte man doch bedenken, dass jede Veränderung mit erheblichen Kosten verbunden ist. Deshalb ist es wichtig, „überflüssige" Standortänderungen durch eine sorgfältige Planung zu vermeiden.

Kriterien der Standortentscheidung

- Hat man es bei der Art des Unternehmens mit mehr Stammkundschaft oder mit mehr Laufkundschaft zu tun?
- Falls man weniger überregional tätig, dafür mehr auf Kunden im näheren Einzugsbereich angewiesen ist: Wie sieht die Bevölkerungsstruktur im Einzugsbereich aus (Alter, Sozialschicht, Kaufkraft)? Es ist z. B. ausgesprochen riskant, ein Sportartikelgeschäft in einem hauptsächlich von älteren Leuten bewohnten Viertel zu eröffnen.
- Wie sieht die Konkurrenzsituation im Einzugsbereich aus? Gibt es viele attraktive Mitbewerber?
- Sind Änderungen der Standortqualität absehbar (z. B. durch den Bau einer Neubausiedlung oder einer Schnellstraße)?
- Gibt es Ausgleichsfaktoren für Standortnachteile (z. B. günstige Bebauungspläne, Anschlüsse für Wasser, Energie, Kommunikation, günstige Entsorgungsmöglichkeiten)?
- Wie ist die bauliche Ausstattung der Gebäude am vorgesehenen Standort?
- Besteht eine Standortabhängigkeit des Arbeitskräfteangebots?
- Wie hoch ist die Gewerbesteuerbelastung am in Aussicht genommenen Standort?

Standortfaktoren im engeren Sinn

- Erreichbarkeit des Betriebs (Verkehrsanbindung, Parkplätze)
- Frequentierung/Zahl der Passanten
- Mietniveau in Relation zum erforderlichen Mindestumsatz.

Zuständige Behörden kontaktieren

Auf jeden Fall sollte man bei der Standortwahl Kontakt mit den zuständigen Behörden, insbesondere den Planungsämtern, aufnehmen. Zusätzliche gründliche Recherchen vor Ort (z. B. auch durch Befragung von Nachbarn) haben sich bewährt.

Gründen oder Übernehmen?

Vielleicht sind Sie bei Ihrer Suche nach einer selbstständigen Tätigkeit schon auf eine Annonce wie die folgende gestoßen:

> **Suche** aus Altersgründen ab 1. 1. Nachfolger für meine gut eingeführte Videothek in bester Geschäftslage (Fußgängerzone). VB DM 250 000. Zuschriften unter XXXX

Solche Angebote klingen zunächst interessant: Man spart Arbeit (z. B. Gründungsformalitäten, Werbung) und – so mag mancher denken – Risiken, denn das Unternehmen ist ja schon eingeführt und funktioniert mehr oder weniger gut. Dennoch ist gerade hier Vorsicht geboten, denn dem Verkäufer geht es in erster Linie um seinen und nicht um Ihren Vorteil. Häufig soll durch eine Übernahme ein nicht mehr gut gehendes und nicht oder nur mit großem Aufwand sanierungsfähiges Unternehmen rechtzeitig abgestoßen werden, bevor der Niedergang allzu offensichtlich wird. Andernfalls wäre es nämlich meist vorteilhafter, den Betrieb zu verpachten. Mitunter kann schon ein Blick auf Lebenssituation und Lebensstil des Verkäufers interessante Aufschlüsse bringen: Lebt er vielleicht sehr sparsam und bescheiden, weil er jede Mark in die marode Firma stecken musste oder spielt er Ihnen einen hohen Lebensstandard vor, um den Betrieb Gewinn bringend erscheinen zu lassen?

Vorsicht bei einer Übernahme

Es ist nicht möglich, eine allgemein gültige Aussage darüber zu machen, ob die (vollständige oder teilweise) Übernahme eines bestehenden Betriebes einer Neugründung vorzuziehen ist. In beiden Fällen gibt es Vor- und Nachteile, die vor dem Hintergrund der konkreten Situation gegeneinander aufgewogen werden müssen.

Die Situation ist der beim Kauf eines Gebrauchtwagens vergleichbar: Wer über gute technische Kenntnisse verfügt, kann hier einen vorteilhaften Handel abschließen, während einem Interessenten ohne diese technischen Kenntnisse besondere Vorsicht anzuraten ist.

Die Bundesanstalt für Arbeit bietet Zugang zu einer Internet-Börse, die Neugründungen unterstützt und dabei auch Anbieter und Interessenten für Betriebsnachfolgen zusammenbringt. Diese Börse ist über die Internetadresse www.arbeitsamt.de unter dem Menü „Vermittlung" zu erreichen. Demselben Zweck dient die Gemeinschaftsinititative CHANGE/CHANCE des Deutschen Industrie- und Handelstages, des Zentralverbands des Deutschen Handwerks und der Deutschen Ausgleichsbank (Tel. 0 30/8 50 85-41 14, Internetadresse: www.change-online.de).

Falls Sie an einer Übernahme interessiert sind, sollten Sie sich am besten auch mit Experten wie Steuer- und Unternehmensberatern und Wirtschaftsprüfern um Antworten auf folgende Fragen bemühen:

Was bei einer Übernahme zu beachten ist

- Warum wird der Betrieb verkauft? Sind die vorgegebenen Gründe (z. B. Alter, Krankheit, Kinder haben kein Interesse an einer Übernahme) glaubhaft? Welche Möglichkeiten gibt es, um Ausstattung, finanzielle Lage und Auftragslage objektiv zu überprüfen?
- Wie haben sich die wichtigen betriebswirtschaftlichen Daten des Betriebs verändert? Selbst eine – noch – positive Bilanz sollte nachdenklich stimmen, wenn eine anhaltende Abwärtsentwicklung festzustellen ist.
- Entsprechen die aus der Gewinnrechnung und Verlustrechnung ersichtlichen Kosten den Durchschnittswerten der * **Betriebsvergleichsergebnisse**? (Die entsprechenden Zahlen können bei der Industrie- und Handelskammer oder beim Finanzamt angefordert werden.)
- Entspricht der geforderte Kaufpreis dem Wert des Unternehmens? Je nachdem, ob Sie den erworbenen Betrieb grundlegend verändern oder ohne größere Änderungen weiterführen wollen, ist für Sie entweder der Substanzwert (Wert aller Gegenstände wie Gebäude, Maschinen usw. abzüglich bestehender Verbindlichkeiten) oder der Ertragswert (Gewinnschätzung für die kommenden fünf Jahre) maßgebend. Als arithmetisches Mittel aus Substanzwert und Ertragswert lässt sich der reale Unternehmenswert errechnen.

- Wie hoch ist der Firmenwert anzusetzen? Grundsätzlich richtet sich der bei einer Übernahme fällige Firmenwert (Facon-Wert, Goodwill; vom Kaufpreis zu unterscheiden) nach Angebot und Nachfrage. Da der Wert bei kleinen Unternehmen stark von der Person des Inhabers abhängt, ist hier der Firmenwert gering oder er besteht nur für kurze Zeit. Ein größeres, bei Kunden und Lieferanten gut eingeführtes Unternehmen hat dagegen einen höheren Firmenwert. Andererseits kann aber der Verkäufer eines Betriebs, für den sich die zur Geschäftsführung notwendigen Kenntnisse leicht erwerben lassen (z. B. Schnellimbiss, Zeitschriftenladen), wegen der damit verbundenen größeren Nachfrage einen deutlich besseren Preis erzielen.
- Welche Investitionen sind in nächster Zeit notwendig (z. B. am Fuhrpark, an den Maschinen oder an Betriebsgebäuden)?
- Gibt es Einschränkungen an den Vermögensrechten (z. B. Sicherungsübereignungen, Eigentumsvorbehalte)?
- Wie sind die Mitarbeiter zu beurteilen? Bleibt der Mitarbeiterstamm erhalten? Stößt ein eventuell notwendiger Personalabbau auf besondere Schwierigkeiten? Sind Auszubildende zu übernehmen? (In der Regel gilt bei Betriebsübergang ein Kündigungsverbot.)
- Sind Betriebserweiterungen oder wichtige Umbauten notwendig bzw. möglich? Gibt es baurechtliche Beschränkungen?
- Wie schneidet der Betrieb im Vergleich zur direkten Konkurrenz ab?
- Ändert sich die Konkurrenzsituation in der nächsten Zeit wie z. B. für einen Lebensmittel-Einzelhändler, wenn ein Supermarkt in der Nähe eröffnet?
- Wie sieht es mit der Haftung für die Verbindlichkeiten des Vorgängers aus? In der Regel besteht eine Haftung des Erwerbers für sämtliche (auch private Schulden) des Veräußerers. Diese Haftung kann nicht durch eine entsprechende Klausel im Kaufvertrag ausgeschlossen werden; allenfalls kann ein Rücktritt vom Vertrag vereinbart werden. Der Übernehmende haftet auch für Verbindlichkeiten des Vorbesitzers gegenüber dem Finanzamt bis zum Beginn des Kalenderjahres vor der Übernahme. Deshalb sollte man sich ggf. eine Bescheinigung vom Finanzamt und von der Gemeinde über nicht vorhandene Steuerrückstände ausstellen lassen.

- Sind Veränderungen beim Mietvertrag (z. B. eine Mieterhöhung) zu erwarten?
- Können die bisherigen Beziehungen des Betriebs zum sozialen Umfeld, zu Lieferanten, Kunden usw. genutzt werden?
- Darf der bisherige Firmenname weiter geführt werden?
- Sind Verschlechterungen der Standortqualität (z. B. durch Schließung einer Fabrik in der Nähe, Verlegung der Linienführung öffentlicher Verkehrsmittel) zu erwarten, die der Vorbesitzer verschweigt, um einen guten Kaufpreis zu erzielen?
- Gibt es für den Betrieb Umwelt-Altlasten? Müssen mitunter kostspielige Investitionen zur Erfüllung bestehender oder zu erwartender Umweltschutzauflagen getätigt werden?

Übernahmevertrag intensiv prüfen

Die Überprüfung des Objekts durch die kreditgebende Bank erweist sich hier als sehr nützlich. Auf jeden Fall sollten Sie den Übernahmevertrag gründlichst studieren (bzw. durch Experten studieren lassen) und alle Beratungsmöglichkeiten (z. B. bei der Industrie- und Handelskammer) nutzen. Dies gilt sogar, wenn es sich um den elterlichen Betrieb handelt, wo das Risiko im Allgemeinen geringer ist, weil der neue Besitzer zum einen aus einer Unternehmerfamilie kommt und er zum anderen mit „seinem" Betrieb von Anfang an besser vertraut ist.

Bei einer Betriebsübernahme genügt es jedenfalls nicht, sich nur die Bilanzen und die Umsatzentwicklung anzusehen; hohe Umsätze sagen nichts über den Gewinn aus. Insbesondere sollte man klären, ob nicht ein Teil der Erlöse auf besondere Möglichkeiten des Vorbesitzers zurückzuführen ist. Dazu gehören z. B. bei einem kleinen Lebensmittelgeschäft günstige Einkaufsquellen für Kartoffeln und Gemüse (weil der Vorbesitzer einen Bruder in der Landwirtschaft hat) oder Stammkunden, die nur noch aufgrund von Gewohnheit oder Anhänglichkeit hier eingekauft haben und ihren Bedarf nach dem Besitzerwechsel wahrscheinlich billiger im Supermarkt decken werden. Ein wichtiger, bei der Übernahme zu berücksichtigender Faktor ist auch die Mitarbeit von nicht entlohnten oder unterbezahlten Angehörigen, die – wenn nicht eigene Angehörige einspringen – durch fremdes und nach Tarif bezahltes Personal ersetzt werden müssen.

Kunden- und Personalsituation beachten

Entscheidend ist es also, sich einen möglichst genauen Überblick über die wirtschaftliche Lage des Betriebs zu verschaffen und dabei auch alle ★ **kalkulatorischen** Kosten zu erfassen. Andernfalls könnte es passieren, dass der Wegfall begünstigender Bedingungen nicht rechtzeitig bemerkt wird und der Betrieb bald nach der Übernahme in die roten Zahlen kommt.

Will man ein Unternehmen nicht kaufen, sondern pachten, so schont man zwar das Eigenkapital, hat dafür aber mit zusätzlichen jährlichen Belastungen zu rechnen. Der Pachtzins setzt sich aus drei Komponenten zusammen:

Die drei Komponenten des Pachtzins

- dem Entgelt für die Nutzung des Inventars,
- dem Entgelt für die Nutzung des Firmenwertes und
- der ortsüblichen Miete für die Geschäftsräume.

Eine Pacht lohnt sich eigentlich nur dann, wenn das damit zur Verfügung gestellte Inventar einen hohen Wert besitzt (z. B. Transportgewerbe). Muss dagegen, wie z. B. beim Einzelhandel, ein erheblicher Warenbestand abgelöst werden – demgegenüber das Inventar finanziell nicht ins Gewicht fällt –, ist ein Kauf meist vorteilhafter.

Unabhängig davon, ob Sie kaufen oder pachten: Legen Sie mithilfe versierter Berater die Vereinbarungen über den Kaufpreis, die Art der Bezahlung, die Haftung für frühere Verbindlichkeiten usw. vertraglich fest. Die dafür erforderlichen Aufwendungen sind gut angelegt.

Wie vielen der folgenden Aussagen können Sie eindeutig zustimmen?

Seriosität des Verkäufers

- Der Verkäufer erscheint mir vertrauenswürdig.
- Die Angaben des Verkäufers über den Betrieb decken sich mit den Angaben im Handelsregister.
- Die Gründe, die mir der Verkäufer für seinen Verkaufsentschluss genannt hat, erscheinen glaubhaft.
- Der Verkäufer gilt bei Geschäftspartnern, Lieferanten und Kunden als seriös.

Branchen- und Marktsituation

- Ich habe ein wirkliches Interesse an der Branche.
- Ich verfüge über genügend Branchenkenntnisse und ein ausreichendes Maß an Berufserfahrung.
- Die Zukunftserwartungen für die Branche sind günstig.
- Ich habe Berater, die sich in der Branche gut auskennen.
- Ich kenne die Konkurrenten meines zukünftigen Betriebs und deren Leistungsfähigkeit und kann mithalten.

Wirtschaftliche Situation und Wert des Betriebs

- Es gibt lückenlose Unterlagen, die die bisherige Entwicklung des Unternehmens dokumentieren.
- Die Angaben, die ich über eine Wirtschaftsauskunftei über den Betrieb eingeholt habe, sind günstig.
- Umsatz und Gewinnentwicklung des Betriebs für die letzten Jahre sind bekannt.
- Der Betrieb schneidet im Betriebsvergleich gut ab.
- Der Betrieb hat einen guten Ruf bei Kunden und Lieferanten.
- Die Bilanzen wurden von Experten geprüft.
- Es gibt keine Eigentumsvorbehalte oder Sicherungsübereignungen wegen Firmenkrediten.
- Es gibt keine offenen Steuerschulden.
- Der Kaufpreis erscheint den Experten angemessen.
- Die Betriebsgebäude befinden sich in gutem baulichen Zustand.
- In der nächsten Zeit sind keine größeren Investitionen nötig.
- Der Betrieb verfügt über eine gute technische Ausstattung.
- Der Betrieb verfügt über qualifiziertes Personal.
- Gemessen daran, wie lange das Unternehmen besteht, hat es erst selten den Besitzer gewechselt.

Standortfaktoren

- Der Standort für den Betrieb ist (auch hinsichtlich der Verkehrsführung) langfristig gesichert.
- Eine Betriebserweiterung ist grundsätzlich möglich.
- Eine Kündigung des Mietverhältnisses ist nicht zu erwarten.
- Die Entwicklung der Mietpreise ist vorhersehbar.

Wie vielen Aussagen können Sie zustimmen?

Gesetzliche Bestimmungen

- Es gibt keine gesetzlichen Vorschriften, die eine Übernahme verhindern. Die gesetzlichen Vorschriften für eine Übernahme sind erfüllbar.
- Bestehende und zu erwartende Umweltschutzauflagen sind erfüllt bzw. erfüllbar.
- Es gibt keine Umwelt-Altlasten.
- Der Betrieb ist in seiner jetzigen Form bau- und gewerberechtlich genehmigt.

Die Suche nach der geeigneten Rechtsform

Die Wahl der Rechtsform ist von entscheidender Bedeutung für eine Unternehmensgründung. Allerdings ist die Entscheidung nicht beliebig. Für Erstgründer kommt in der Regel nur die Einzelfirma, die *** BGB-Gesellschaft** oder die *** GmbH** infrage, denn *** Kommanditgesellschaften** oder *** offene Handelsgesellschaften** erfordern vollkaufmännische Einrichtungen wie z. B. die *** doppelte Buchführung.** Dennoch sollte man sich darüber ebenso Gedanken machen wie über die technische Ausstattung oder die Kapitalbeschaffung.

Die Entscheidung für eine Rechtsform ist nicht beliebig

Es gilt, bezogen auf die Firmensituation die jeweiligen Charakteristika der Rechtsformen gegeneinander abzuwägen: zum einen ist z. B. die Kreditwürdigkeit von Einzelfirmen, *** BGB-Gesellschaften** oder *** offenen Handelsgesellschaften** aufgrund der Zugriffsmöglichkeiten der Gläubiger (bzw. Banken) auf das Privatvermögen wesentlich höher als bei einer *** GmbH** und damit steigt natürlich auch das Risiko des Gründers. Zum anderen kann gerade eine bei einer geschickten Wahl der Rechtsform erzielbare Steuerersparnis die in den ersten Jahren für das Überleben des Betriebs notwendigen Mittel sichern. Die Entscheidung für eine Rechtsform ist zwar in einem gewissen Rahmen revidierbar, doch ist dies mit hohen Kosten verbunden.

Wichtige Kriterien für die Wahl der Rechtsform innerhalb der für die jeweilige Gründung geltenden Bestimmungen sind die Haftung (Gesamtvermögen oder Einlage), die Kapitalbeschaffung (über Banken, *** stille Teilhaber** oder Miteigentümer), Steuerbelastung, Leitungsbefugnisse, Gewinn-und-Verlust-Beteiligung, ggf. *** Nachschusspflicht**, Gebühren und Kosten für die Einrichtung der Rechtsform (Kosten für Gründung und Kapitalerhöhung, Prüfungskosten, Rechnungslegungskosten) und der für bestimmte Rechtsformen und Betriebsgrößen geltende Veröffentlichungszwang der Geschäftsergebnisse.

Kriterien für die Wahl

Einzelfirma

Besonders für kleinere, weniger kapitalintensive Betriebe empfiehlt sich in der Regel zunächst die Einzelfirma als billigste und einfachste Rechtsform. Dabei ist eine Person Inhaber und Unternehmer. Auch wenn sie ⋆ **stille** oder tätige **Teilhaber** aufnimmt, wird ihre alleinige Haftung davon nicht berührt.

Gewerbetreibende, die nach Art und Umfang ihres Betriebs vollkaufmännische Einrichtungen benötigen, sind im Gegensatz zur Einzelfirma zur Eintragung ins ⋆ **Handelsregister** verpflichtet. Im Rechts- und Geschäftsverkehr müssen sie auch mit der im Handelsregister eingetragenen ⋆ **Firma** auftreten.

Aufnahme von Partnern

Bei der Aufnahme von Partnern (vgl. das Kapitel „Wenn Sie Kooperationspartner suchen“) ist es häufig möglich bzw. nötig, die Rechtsform zu wechseln, sei es, um das nun gestiegene Risiko zu mindern, Steuern zu sparen oder leichter Kapital zu beschaffen. Mit dem Wachstum des Betriebs über eine bestimmte Grenze hinaus (Erhöhung der Mitarbeiterzahl, der Umsätze, des Kapitaleinsatzes) ist ein gebührenpflichtiger und durch einen Notar zu veranlassender Eintrag ins ⋆ **Handelsregister** und damit eine Änderung der Rechtsform sogar vorgeschrieben. Bei dieser Gelegenheit kann bzw. muss auch der Firmenname geändert werden.

Auch bestimmte Einzelereignisse können eine Änderung der Rechtsform nahe legen: Stirbt beispielsweise der Meister eines als Personengesellschaft geführten Handwerksbetriebs, so empfiehlt sich die Umwandlung in eine ⋆ **GmbH**, denn dann ist es möglich, zur Fortführung der Firma einen Betriebsleiter mit Meisterprüfung einzustellen.

Der Zeitpunkt einer Rechtsformänderung sollte nach Möglichkeit so gewählt werden, dass die dabei unvermeidbaren Gebühren (Notarkosten etc.) den zu versteuernden Gewinn mindern.

Rechtsformen

BGB-Gesellschaft

Die einfachste Änderungsmöglichkeit für einen einzelnen Kleingewerbetreibenden besteht in einer so genannten ⋆**BGB-Gesellschaft** (auch GbR; ⋆**Gesellschaft des bürgerlichen Rechts**). Ein solcher Zusammenschluss natürlicher Personen zum Zweck gemeinsamer Geschäfte muss lediglich angemeldet werden, eine Eintragung ins *__Handelsregister__ ist nicht nötig. Es gibt kein vorgeschriebenes Mindestkapital und auch keine Gründungsformalitäten; sogar eine mündliche Vereinbarung genügt. Der Nachteil besteht darin, dass alle Gesellschafter unbeschränkt (d. h. auch mit ihrem Privatvermögen) haften.

Partnerschafts-Gesellschaften

Durch das seit Juli 1995 gültige Gesetz zur Schaffung von Partnerschafts-Gesellschaften (PG) haben auch Freiberufler die Möglichkeit, eine Gesellschaft zu gründen, die sich von der BGB-Gesellschaft durch die Möglichkeit einer Haftungsbegrenzung (z. B. bis zur Höhe einer bestehenden Haftpflichtversicherung) unterscheidet. Diese Partnerschaft kann als juristische Person Rechte erwerben und Verbindlichkeiten eingehen, wobei jeder Partner die Gesellschaft nach außen vertreten kann.

Offene Handelsgesellschaft

Dies gilt auch für die * **OHG**, die allerdings nur von * **Vollkaufleuten** gegründet werden kann und ins * **Handelsregister** eingetragen werden muss. Die Vorteile einer OHG bestehen in der Steigerung der Kapitalkraft und des unternehmerischen Einsatzes, der hohen Kreditwürdigkeit (da nur Vollkaufleute beteiligt sind, die mit ihrem gesamten Vermögen haften) und darin, dass sie (da keine juristische Person) nicht der * **Einkommen-**, Vermögens- und * **Körperschaftsteuer** unterliegt.

Gesellschaft mit beschränkter Haftung

Anders bei der handelsregisterpflichtigen * **GmbH**, die auch allein gegründet werden kann: Hier fällt eine doppelte * **Vermögenssteuer** und eine Gesellschaftssteuer auf das Stammkapital an. Weitere Nachteile liegen in der komplizierten Gründung, der aufwendigen Übertragbarkeit von Anteilen, der Bilanzerstellungspflicht und der vergleichsweise geringen Kreditwürdigkeit dieser Rechtsform bei den Banken. Letzteres hängt mit dem großen Vorteil zusammen, dass jeder Gesellschafter nur mit seiner Einlage haftet. Das Mindestkapital einer GmbH beträgt DM 25 000 bei einem, DM 50 000 bei mehreren Gesellschaften; davon muss mindestens die Hälfte bar eingezahlt werden. Insgesamt handelt es sich also um eine für Gründer weniger interessante Rechtsform.

Kommanditgesellschaft

Bei der handelsregisterpflichtigen KG, einer juristischen Person, ist die Haftung der Gesellschafter unterschiedlich verteilt. Der persönlich haftende Gesellschafter, der *** Komplementär**, muss zwar auch mit seinem Privatvermögen für die Verbindlichkeiten der Gesellschaft einstehen, doch hat er dafür (neben der hohen Kreditwürdigkeit der Gesellschaft) weitreichende Entscheidungsbefugnisse und das Recht der alleinigen Bilanzfeststellung. Die *** Kommanditisten** sind dagegen nur mit der Höhe ihrer Einlage zur Haftung verpflichtet. Wird statt des Kommanditisten ein nur am Gewinn, nicht an der Haftung beteiligter „stiller" Gesellschafter aufgenommen, liegt eine *** Stille Gesellschaft** vor. Im Gesellschaftsvertrag kann vereinbart werden, dass eine Beschlussfassung mit einfacher Stimmenmehrheit, abhängig von den Kapitalbeteiligungsverhältnissen, erfolgt. Auf diese Weise kann sich der Komplementär (in der Regel der Gründer) die Beschlussmehrheit sichern.

GmbH & Co. KG

Der hauptsächliche Vorteil der GmbH & Co. KG liegt darin, dass bei weitgehendem Haftungsausschluss Steuern, vor allem die Vermögenssteuer, gespart werden. Nachteilig ist hier jedoch der hohe Gründungs- und Verwaltungsaufwand, die komplizierte Übertragbarkeit von Anteilen und die geringe Kreditwürdigkeit dieser handelsregisterpflichtigen Rechtsform. Deshalb kommt diese Rechtsform für Existenzgründer kaum infrage.

Genossenschaft

Genossenschaften sind vor allem in der Landwirtschaft und im „alternativen" Bereich anzutreffende Gesellschaften, die aus mindestens sieben Mitgliedern bestehen. Neue Mitglieder können unbeschränkt hinzukommen. Die *** Genossenschaft** verfolgt wirtschaftliche Zwecke, hat jedoch primär keine Gewinnabsichten. Jedes Genossenschaftsmitglied hat eine Stimme in der Genossenschaftsversammlung. Die Mindesthaftungssumme ist der Geschäftsanteil des einzelnen Genossen. Als nachteilig bei dieser recht demokratischen Rechtsform gelten u. a. die komplizierten Gründungsformalitäten und die Abhängigkeit vom Genossenschaftsverband, der u. a. Buchführung und Bilanzen der einzelnen Genossenschaften genau kontrolliert.

Namensgebung

Bei der Wahl des Namens für Ihre neugegründete ★ **Firma** sind Sie nicht frei. Ein Unternehmer muss sein Gewerbe grundsätzlich unter seinem Vor- und Nachnamen betreiben. So darf z. B. der Obsthändler Peter Braun, ein Kleingewerbetreibender, sein Geschäft nicht unter der Bezeichnung „Obstgarten“ führen. Eine vom ausgeschriebenen Namen abweichende Firmenbezeichnung ist nur im Falle einer Handelsregistereintragung (abgesehen von der ★ **GmbH** nur bei ★ **Vollkaufleuten**) möglich. Bei einer Partnerschafts-Gesellschaft muss – neben dem Begriff „Partnerschaft“ und den in der Gesellschaft vertretenen Berufen – mindestens ein Nachname eines Partners genannt werden.

Die Wahl des Namens ist nicht beliebig

Die Namensangabe (Vor- und Familienname) muss an der Außenseite oder am Eingang einer Verkaufsstelle oder einer sonstigen Betriebsstätte mit Publikumsverkehr (z. B. Gaststätte) angebracht werden. Nur wenn diese Namen aus der im ★ **Handelsregister** eingetragenen Firma ersichtlich sind, genügt die Angabe der Firma.

Bei der ★ **GmbH** ist stets nur die Firma anzugeben. Nicht im ★ **Handelsregister** eingetragene Gewerbetreibende (★ **Minderkaufleute**) müssen im Geschäftsverkehr (Geschäftspapiere, Geschäftsstempel, Eintrag ins Telefonbuch) den Familiennamen mit einem ausgeschriebenen Vornamen angeben, doch darf ein Hinweis auf Branche und Tätigkeit hinzugefügt werden (z. B. „Erich Berger, Hobbybedarf“). Zusätze, die den Eindruck erwecken, dass die Firma ins ★ **Handelsregister** eingetragen ist (z. B. „Erich Berger & Co.“), dürfen ebenso wenig verwendet werden wie Fantasiebezeichnungen, die einen irreführenden Eindruck über Art und Umfang der Geschäftstätigkeit hervorrufen können. Lediglich Wirte dürfen (als ★ **Minderkaufleute**) so genannte Etablissement-Bezeichnungen wie beispielsweise „Knödelparadies“ oder „Café Elite“ verwenden.

Zusätze und Fantasiebezeichnungen

UNSER TIPP Erkundigen Sie sich vor dem Druck von Geschäftspapieren und dem Eintrag ins Branchenverzeichnis beim zuständigen Registergericht, ob der gewünschte Firmenname zulässig ist.

Wenn Sie Kooperationspartner suchen

Wer sich selbstständig macht, möchte meist auch unabhängig werden. Dieses Motiv steht oft mit an vorderster Stelle, denn man will ja in der Regel nicht das Risiko einer beruflichen Selbstständigkeit auf sich nehmen, um sich dann in den alten hierarchischen Strukturen wiederzufinden.

Doch wenn man den Weg in die Selbstständigkeit in voller Konsequenz beschreitet und ganz bewusst auf feste Kooperationspartner – sei es als Abnehmer oder Zulieferer – verzichtet, sollte man sich über die Antworten auf folgende Fragen im Klaren sein:

Kann ich auf feste Kooperationspartner verzichten?

- Verfüge ich über das notwendige fachliche und betriebswirtschaftliche Know-how, um mein Unternehmen in Eigenregie zu führen und zu verwalten?
- Kann ich mir mit meinem Produkt in kurzer Zeit einen guten Ruf – idealerweise sogar die Wertschätzung wie die eines „Markenartikels" – erarbeiten, sodass ich mit den bereits auf dem Markt eingeführten Konkurrenzprodukten mithalten kann?
- Besitze ich die fundierte Marktkenntnis, um für die Standortwahl, die beste Marketingstrategie, den Erfolg versprechendsten Werbeauftritt und die optimale Lieferantenauswahl die richtigen Entscheidungen treffen zu können?
- Mache ich mich in einer Branche selbstständig, in der auch kleine Unternehmen mit ihren ganzen Vor- und Nachteilen eine realistische Marktchance haben?

Wenn Sie diese Fragen positiv beantworten können, dann können Sie wahrscheinlich auf die Unterstützung eines festen Kooperationspartners verzichten und den Versuch wagen, sich aus eigener Kraft eine vorteilhafte Marktposition zu sichern. Die Entscheidung, einen festen Kooperationspartner in die eigene Existenzgründung mit einzubeziehen, ist von vielen unterschiedlichen Faktoren abhängig, die nicht nur wirtschaftlicher, sondern auch persönlicher Natur sein können. Fest steht, dass mit der festen Bindung an einen Geschäftspartner sowohl Vor- als auch Nachteile verbunden sind.

Vor- und Nachteile

Vorteile einer festen Kooperation

- Vor allem in den Bereichen Marketing, Werbung und Organisation wird Know-how zur Verfügung gestellt.
- Die Führung eines bekannten Markennamens erleichtert den Eintritt in den Markt.
- Geringeres Insolvenzrisiko für Existenzgründer.
- In manchen Fällen Unterstützung bei der Finanzierung durch zinsgünstige Kredite oder stille Beteiligung.

Nachteile einer festen Kooperation

- Einbindung in ein hierarchisches System trotz rechtlicher Selbstständigkeit.
- Keine Freiheit bei der Auswahl von Lieferanten, Produkten und Dienstleistungen und bei der Gestaltung des Werbeauftritts.
- Wirtschaftliche Abhängigkeit von einem festen Partner.
- Bei unseriösen „Knebelverträgen“ wird eine Vertragsauflösung erschwert oder gar unmöglich gemacht.

Formen der Kooperation

Bei der Ausgestaltung von Kooperationsverträgen gibt es viele unterschiedliche Formen und Nuancen. Aus den verschiedenen Varianten werden hier nur drei der gängigsten Modelle ausgewählt und beschrieben.

Handelsvertreter

Der Handelsvertreter wird von einem Unternehmen damit beauftragt, in dessen Namen Geschäfte abzuschließen oder zu vermitteln (§§ 84–92 HGB). Er unterscheidet sich vom Reisenden – der im Angestelltenverhältnis steht – vor allem dadurch, dass er in rechtlicher Hinsicht ein selbstständiges Gewerbe ausübt, also nicht weisungsgebunden ist, seine soziale Vorsorge selbst treffen muss und nicht den Kündigungsschutz des Arbeitnehmers genießt. Seine Hauptaufgabe ist in der Regel die Vermittlung und der Abschluss von Aufträgen. Seine Vergütung setzt sich meistens aus drei Bestandteilen zusammen.

Fixum: Das ist ein fester Betrag, der in der Regel monatlich ausgezahlt wird und der dem Handelsvertreter helfen soll, die Grundkosten seiner Tätigkeit auch in konjunkturschwachen Zeiten zu tragen.

Provision: Dies ist der Hauptbestandteil der Vergütung. Sie wird anteilig vom erzielten Umsatz bezahlt. Manche Unternehmen treffen auch so genannte „Staffelvereinbarungen", wie zum Beispiel: „Provision bei Aufträgen bis DM 10 000 5 %, bei Aufträgen ab DM 10 000 6 %". Hiermit soll der Handelsvertreter dazu motiviert werden, möglichst große Aufträge für das Unternehmen abzuschließen. Wenn er Sonderrabatte oder Nachlässe gewährt, wird in aller Regel auch seine Provison gekürzt.

Umsatzprämie: Viele Unternehmen treffen mit ihren Handelsvertretern am Jahresanfang so genannte „Zielvereinbarungen", in denen sie ihnen einen Umsatz vorgeben. Erreicht der Vertreter sein Ziel am Jahresende, dann wird eine Sonderprämie fällig. Diese Regelung ist dann sinnvoll, wenn der Handelsvertreter bei der Bestimmung der Vorgabe mitwirken kann. Oft wird dieses Motivationsinstrument von den Unternehmen recht willkürlich angewandt und ohne zuvor gemeinsam eine realistische Marktprognose durchzuführen.

Wichtig beim Vertragsabschluss: der „Gebietsschutz"

Der Handelsvertreter kann als so genannter „Einfirmenvertreter" nur für ein einziges Unternehmen tätig sein. Das ist jedoch eher die Ausnahme. Meist vertritt er verschiedene Unternehmen. Dabei muss er allerdings vertraglich vereinbarte Konkurrenzausschlüsse beachten. Wird dem Handelsvertreter gekündigt, kann er unter Umständen Ausgleichsansprüche geltend machen, denn er hat dem Unternehmen Kunden zugeführt, aus deren Aufträgen er künftig keine Provision mehr erhält. Wichtig beim Abschluss eines Vertrages ist der „Gebietsschutz", der dem Handelsvertreter garantiert, dass er für alle Geschäfte, die das Unternehmen in einem Verkaufsgebiet tätigt, die volle Provision erhält.

Handelsvertreter findet man vor allem als Vertreter von Industriebetrieben, doch auch in der Dienstleistungsbranche gibt es Handelsvertreter, vor allem bei Banken, Bausparkassen und Versicherungen. Hier überschneidet sich die Kooperationsform oft mit der des freien Mitarbeiters (vgl. das Kapitel „Freie Mitarbeit").

Vertragshändler

Wie der Handelsvertreter ist auch der Vertragshändler rechtlich selbstständig, doch in der Art seiner Geschäftstätigkeit gibt es einen wesentlichen Unterschied: Während der Handelsvertreter Geschäfte vermittelt – und der Vertrag dann letztendlich zwischen Unternehmen und Endkunden geschlossen wird –, bezieht der Vertragshändler seine Produkte vom Hersteller und verkauft sie an den Endverbraucher weiter. Seine Vergütung besteht also nicht aus Fixum, Provision und Prämie, sondern er erwirtschaftet seinen Gewinn aus der Handelsspanne (das ist die Differenz zwischen Einkaufs- und Verkaufspreis). Damit geht er ein höheres finanzielles Risiko ein, denn er muss sein Warenlager zunächst einmal vorfinanzieren. Dafür kann er durch die Preisgestaltung seinen Gewinn in stärkerem Maße beeinflussen als ein Handelsvertreter.

Unterschied Handelsvertreter – Vertragshändler

Die vertragliche Regelung besteht normalerweise aus der Verpflichtung des Vertragshändlers, die Produkte des Herstellers zu führen (meist mit einer Konkurrenzausschlussklausel), und dem damit verbundenen Recht, den Markennamen nach außen hin zu nutzen. Typische Beispiele für Vertragshändler sind Autowerkstätten und Autohändler.

Franchise-Systeme

Franchising ist ein Vertriebssystem, das aus den Vereinigten Staaten stammt, seit etwa dreißig Jahren in Deutschland praktiziert wird und hier in den letzten Jahren mehr und mehr an Bedeutung gewonnen hat. Die Besonderheit liegt darin, dass die Bindung zwischen Franchisegeber und Franchisenehmer viel enger ist als beispielsweise beim Handelsvertreter oder Vertragshändler. Der Franchisegeber verpflichtet sich, sein Know-how (Produktkenntnisse, Marketingstrategie, betriebswirtschaftliches Fachwissen) dem Franchisenehmer zur Verfügung zu stellen und ihn bei der Führung seines Betriebs zu beraten und zu unterstützen.

Franchisegeber stellt Know-how zur Verfügung

Im Gegenzug übernimmt der Franchisenehmer die Vorgaben des Franchisegebers, richtet seinen Laden nach dem vorgeschriebenen Erscheinungsbild ein, verwendet ausschließlich das Markenzeichen, überlässt die Standortwahl dem Franchisegeber und verpflichtet sich, die vorgegebene Unternehmensphilosophie in seinem Betrieb umzusetzen.

Diese enge vertragliche Bindung führt dazu, dass ein im Franchisesystem geführter Betrieb für einen Außenstehenden wie eine Filiale aussieht, denn sowohl das Erscheinungsbild als auch der Name des Betriebs werden auf den Franchisegeber abgestimmt. So ist der Franchisenehmer zwar in rechtlicher Hinsicht selbstständig, doch wenn man seine Stellung von der praktischen Seite her betrachtet, entspricht sein Status dem eines Filialleiters. Der Eintritt in ein Franchisesystem ist also eher demjenigen zu empfehlen, der die finanziellen Chancen der Selbstständigkeit nutzen möchte, gleichzeitig aber in eine Hierarchie eingebunden sein will und die damit verbundenen arbeitnehmertypischen Merkmale wie die Vorgabe von Umsatzzielen, Kontrollbesuche vom Franchisegeber und regelmäßige Berichterstattung nicht scheut.

Die Franchisegebühr

Wer als Franchisenehmer einen Betrieb gründet, muss natürlich zunächst einmal die notwendige Investitionssumme für die Betriebseinrichtung aufbringen, zu der manche Franchisegeber übrigens in Form von zinsgünstigen Darlehen oder stillen Beteiligungen einen Teil beisteuern. Dann wird eine so genannte „Franchisegebühr" vereinbart, die der Franchisenehmer dafür entrichtet, das er das Know-how des Franchisegebers nutzen darf.

Franchisenehmer zahlt Gebühr für Know-how

Meist setzt sich diese Gebühr zusammen aus einer einmaligen Zahlung bei Betriebseröffnung und einem laufenden Anteil vom Umsatz, der zwischen 2 % und über 10 % betragen kann. Auch die Laufzeit der Franchiseverträge ist unterschiedlich und variiert von zwei Jahren bis zu über 20 Jahren. Vor allem beim Abschluss eines langfristigen Franchisevertrags, der vielleicht noch mit einer hohen Investitionssumme verbunden ist, sollten Sie sich diesen Schritt zuvor gründlich überlegen, da Sie bei einem vorzeitigen Ausstieg meistens einen hohen finanziellen Verlust tragen müssen.

Was man mit Behörden regeln muss

Als Existenzgründer haben Sie in der Regel häufigen und intensiven Kontakt mit Behörden und Ämtern.

Gesetzliche Bestimmungen unbedingt beachten

Das ist nicht immer einfach, oft aufwendig, frustrierend und auch ärgerlich. Im eigenen Interesse sollten Sie sich jedoch bemühen, die für Sie wichtigsten gesetzlichen Bestimmungen kennen zu lernen und zu beachten. Zur Gewerbeordnung, den Steuer- und Sozialgesetzen, zu den Bestimmungen des Umweltschutzes oder zum Betriebsverfassungsgesetz kommen noch eine Reihe branchenspezifischer allgemeiner und lokaler Bestimmungen hinzu, z. B. das Lebensmittelrecht für Lebensmittel-Einzelhändler oder der manchmal mit einer Gaststättenkonzession verbundene Nachweis von ausreichendem Parkraum. Durch die Fülle der Bestimmungen kommt es aber gelegentlich vor, dass einzelne übertreten werden. Manche Versäumnisse sind relativ folgenlos, andere (z. B. Verstöße gegen die Umweltgesetzgebung) finanziell sehr schmerzhaft für den Betrieb bzw. den Gründer.

Die Gewerbeanmeldung

Für alle selbstständigen Geschäfte ist eine Gewerbeerlaubnis beim zuständigen Wirtschafts- und Ordnungsamt zu beantragen. Freiberufler wie Ärzte, Anwälte, Journalisten oder Wirtschaftsprüfer brauchen ihre Tätigkeit (sofern sie diese als natürliche Person betreiben) dagegen nicht anzumelden (und unterliegen auch nicht der ⋆ **Gewerbesteuer**).

Bei einem Einzelunternehmen muss der Inhaber die Anmeldung vornehmen, bei einer ⋆ **GmbH** der Geschäftsführer, bei einer ⋆ **BGB-Gesellschaft**, einer ⋆ **OHG** und einer ⋆ **KG** alle geschäftsführenden Gesellschafter. Bei der Anmeldung, die spätestens mit der Aufnahme der Geschäftstätigkeit erfolgen muss, ist ein bei der Gemeinde oder Stadtverwaltung erhältliches Formular auszufüllen und einzureichen und eine geringe Gebühr zu entrichten.

Dokumente und Gebühren

Weiterhin benötigen Sie die jeweils erforderlichen Nachweise (z. B. den Meisterbrief). Bei genehmigungspflichtigen Gewerbebetrieben – das sind Betriebe, bei denen der Gesetzgeber von einem besonderen Schutzbedürfnis der Öffentlichkeit ausgeht (z. B. Altenheime, Apotheken, Gaststätten, Maklerbüros, Personenbeförderung, Waffenhandel) – fällt eine höhere Gebühr an. In diesen Fällen ist vor Beginn der Tätigkeit eine entsprechende Genehmigung (z. B. eine Maklererlaubnis) bei der Kreisverwaltungsbehörde (Landratsamt) persönlich unter Vorlage des gültigen Personalausweises/Reisepasses, eines Führungszeugnisses und eines Auszugs aus dem Gewerbezentralregister am Sitz des Betriebes einzuholen. Die beiden letztgenannten Dokumente müssen bei der Meldebehörde zuerst beantragt werden, weil ein Antrag auf Erlaubnis erst dann entgegengenommen wird, wenn die Quittung über die Beantragung vorgelegt werden kann.

Wer ein Reisegewerbe („fliegender Händler“) betreiben will, muss sich eine Reisegewerbekarte besorgen.

Die Anmeldung wird von der Gemeinde innerhalb von drei Tagen bestätigt. Außer dem Finanzamt erhalten das Gewerbeaufsichtsamt, die Industrie- und Handelskammer bzw. die Handwerkskammer, das Eichamt und das Statistische Landesamt je eine Durchschrift.

Eine Meldung ist auch bei der Verlegung des Betriebs erforderlich und auch dann, wenn der Gegenstand des Gewerbes gewechselt oder wenn das Gewerbe abgemeldet wird. Auch eine Zweigniederlassung und eine unselbstständige Zweigstelle (z. B. ein Auslieferungslager) müssen angemeldet werden.

Zeitpunkt der Gewerbeanmeldung

Der Zeitpunkt einer Gewerbeanmeldung und damit der Geschäftseröffnung ist mitunter von großer Bedeutung. In manchen Branchen (z. B. im Handel mit Spielwaren, Kerzen oder Scherzartikeln, bei Eisdielen, Reisebüros, im Handel mit Badeartikeln usw.) gibt es nämlich große Unterschiede zwischen umsatzstarken und umsatzschwachen Zeiten. Empfehlenswert ist, den Geschäftsbeginn nach Möglichkeit in die umsatzstärkste Zeit zu legen, um sich sogleich ein gutes finanzielles Polster zu schaffen. Ein Spielwarenhändler tut z. B. gut daran, sein Geschäft im Herbst zu eröffnen, da er 75 % seines Jahresumsatzes im Weihnachtsgeschäft erzielt.

Das Finanzamt

Das Finanzamt ist ein treuer, wenn auch meist unwillkommener Begleiter des Selbstständigen bzw. des Unternehmers. Da dies unabwendbar ist, sollten Sie sich damit abfinden und das Finanzamt nicht grundsätzlich als ihren Gegner betrachten, vor allem aber nicht die zuständigen Sachbearbeiter als ihre persönlichen Feinde. Denken Sie daran: „Wie man in den Wald hineinruft, so schallt es heraus." Es lohnt sich, wenn Sie sich um ein gutes und offenes Verhältnis zu Ihrem Sachbearbeiter bemühen, erhalten Sie doch von ihm auch manche nützliche Informationen, z. B. über die Anerkennung von Betriebsausgaben oder gültige Bewertungsmaßstäbe für Abschreibungen.

Als Selbstständiger müssen Sie sich um mehrere Steuerarten kümmern:

Steuerarten

- Die ⋆**Einkommensteuer** wird auf Ihr Unternehmergehalt sowie auf die Risikoprämie und auf die Zinsen für das eingebrachte Vermögen erhoben.
- Die ⋆**Umsatzsteuer** ist auf den Gesamtbetrag aller von Ihnen gestellten Rechnungen aufzuschlagen und gleich abzuführen, wobei vorher die an die Lieferanten bezahlte Umsatzsteuer als Vorsteuer abzuziehen ist.
- Die ⋆**Gewerbesteuer** richtet sich in ihrer Höhe nach Ertrag und Kapitalvermögen und wird lokal unterschiedlich angesetzt.
- ⋆**Körperschaftsteuer** muss entrichtet werden, sofern es sich bei Ihrem Betrieb um eine im ⋆**Handelsregister** eingetragene juristische Person handelt.
- Die ⋆**Lohnsteuer** muss vom Bruttoverdienst der Mitarbeiter abgezogen und ans Finanzamt abgeführt werden.

Die Steueranmeldung beim Finanzamt erfolgt gleichzeitig mit der Gewerbeanmeldung. Sie erhalten dann nach einiger Zeit ein Anschreiben mit einem Fragebogen, der innerhalb einer bestimmten Frist beantwortet zurückgeschickt werden muss. Daraufhin erhalten Sie Ihre Steuernummer, unter der Sie zukünftig Ihre Steuererklärungen abgeben müssen.

Da die so genannten ⋆**Vorlaufkosten** als vorweggenommene steuermindernde Betriebsausgaben gelten, sollten Sie bereits in der Vorbereitungsphase Ihrer Existenzgründung alle irgendwie verwertbaren Belege (z. B. Zahlungen für Gründungsseminare, Beratungsgespräche oder Fachbücher) sammeln, denn diese Ausgaben vermindern Ihren steuerpflichtigen Gewinn.

Nach dem Steuerrecht muss jeder Kaufmann mindestens folgende Aufzeichnungen vornehmen:

Aufzeichnungen, die jeder Kaufmann führen muss

1. Die tägliche Registrierung der Kasseneinnahmen und Kassenausgaben im Kassenbuch.
2. Das Festhalten des Wareneingangs und des Warenausgangs.
3. Bei einem Umsatz von mehr als DM 500 000 im Kalenderjahr oder einem Gewinn von mehr als DM 36 000 im Wirtschaftsjahr oder einem Betriebsvermögen von mehr als DM 125 000 besteht die Verpflichtung zur * **doppelten Buchführung**. Nach dem Handelsrecht besteht diese Pflicht, wenn das Gewerbe nach Art und Umfang einen in kaufmännischer Weise eingerichteten Geschäftsbetrieb erfordert. Die doppelte Buchführung empfiehlt sich jedoch auch, wenn man unter diesen Grenzen liegt. Das einfachste Verfahren ist die Führung eines * **amerikanischen Journals** (im Fachhandel erhältlich), bei dem jeder Geschäftsvorgang auf Konto und Gegenkonto gebucht wird. Selbst bei der noch weiter zunehmenden Verbreitung elektronischer Buchführungssysteme gilt das amerikanische Journal immer noch als die beste Anfangslösung für kleine Unternehmen.

Da das Finanzamt bei Neugründungen innerhalb der ersten beiden Jahre normalerweise keinen Gewinn erwartet, fällt zunächst auch noch keine * **Einkommensteuer** an. Im Unterschied dazu ist die Umsatzsteuer in kurzen Zeiträumen nach Abzug der so genannten * **Vorsteuer** abzuführen. Insgesamt gibt sich das Finanzamt in der ersten Zeit großzügig. Es werden sogar Verlustrechnungen akzeptiert, die höhere Kosten als Erlöse aufweisen. Voraussetzung dafür ist, dass Ihr Vorhaben in absehbarer Zeit Gewinne verspricht. Eventuell noch vorhandene Einkünfte (z. B. in der Übergangszeit Arbeitslohn, den Sie als Angestellter erhalten) werden steuerlich entlastet, doch folgen in solchen Fällen gründliche Überprüfungen.

Nach einer normalerweise zweijährigen „Schonfrist“ bringt sich das Finanzamt dann aber mit teilweise recht massiven Forderungen in Erinnerung. Darauf sollten Sie sich durch die Bildung entsprechender Reserven rechtzeitig einstellen. Zwar besteht auf

Antrag die Möglichkeit zur Stundung und dadurch ein Verhandlungsspielraum, doch kommt man um die Zahlungen letztendlich nicht herum. Von einer stillschweigenden Nichteinhaltung der Zahlungstermine ist jedenfalls dringend abzuraten, denn Finanzämter (und auch Krankenkassen) reagieren bei Verzögerungen schnell und brutal mit Säumniszuschlägen. Im äußersten Fall kann es sogar zu einer Pfändung von Firmenkonten kommen.

Für manche Selbstständige und Gründer sind die regelmäßigen und am Vorjahresergebnis orientierten Steuervorauszahlungen ein großes Problem – besonders dann, wenn auf ein gutes Geschäftsjahr ein weniger erfolgreiches folgt. Muss man zur Zahlung Fremdkapital aufnehmen, wird die notwendige Eigenkapitalbildung wesentlich erschwert.

Liquidität wird zum großen Teil dadurch entzogen, dass vom Gewinn bis zu 70 % ans Finanzamt abgeführt werden müssen. Deshalb empfiehlt es sich, den ausgewiesenen Gewinn über erhöhte ⋆ **Abschreibungen** zu mindern. Nach dem Steuerrecht können Firmen mit einem Gewerbekapital von höchstens DM 500 000 und einem Einheitswert von höchstens DM 240 000 nach Neuanschaffung eines „beweglichen Wirtschaftsguts" (z. B. einer teuren Maschine oder eines Spezialfahrzeugs) eine Sonderabschreibung vornehmen. Zusätzlich zur normalen Abschreibung dürfen nochmals insgesamt 20 % – beliebig auf die ersten fünf Jahre der Anschaffung verteilt – abgeschrieben werden.

Möglichkeiten der Steuerrückerstattung nutzen

Im Gegenzug zur rigorosen Eintreibungspraxis des Finanzamtes sollten Sie zur Verbesserung Ihrer betrieblichen Liquidität auch alle gesetzlich gebotenen Möglichkeiten der Steuerrückerstattung möglichst rasch nutzen. Dies betrifft in erster Linie die auf den Lieferantenrechnungen ausgewiesene Umsatz- bzw. Mehrwertsteuer.

Betriebsprüfungen

Besonders interessant erscheinen dem Finanzamt Neugründungen mit hohen Umsatzzuwächsen, sodass bei solchen Gründungen ein höheres Risiko für eine intensive und oft mehrtägige Betriebsprüfung (Außenprüfung) besteht. Im Unterschied zur Steuerfahndung muss eine solche Prüfung ca. vier Wochen vor dem geplanten Termin angekündigt werden. Sie erfolgt in der Regel turnusgemäß. Kleinbetriebe z. B. sollen alle sieben bis zehn Jahre für die letzten drei Jahre geprüft werden.

Aufgrund der kritischen Personalsituation in den Finanzämtern findet aber nur eine Auslosung der „Pechvögel" statt oder eine Auswahl nach Besonderheiten – z. B. wenn eine eigentümliche Umsatzentwicklung oder Veränderungen der Rechtsform vorliegen – oder aufgrund von Verdacht, z. B. bei langjährigen Verlustzuweisungen, Kontrollmitteilungen der Geschäftspartner oder nach anonymen Hinweisen von Feinden und Konkurrenten.

Unterlagen für die Prüfung

Bei der Prüfung müssen alle den Prüfungszeitraum betreffende Unterlagen – das sind Bilanzen, Rechnungen, Kassenbücher, Kontoauszüge, Inventarlisten – vorgelegt werden. Der Betriebsinhaber hat das Recht, mit seinem Steuerberater zu heiklen Fragen eine schriftliche Stellungnahme abzugeben.

Es ist dem Prüfer nicht gestattet, Unterlagen oder Belege eigenmächtig zu seinen Akten zu nehmen. Außerdem darf er sich lediglich in Begleitung des Inhabers oder eines vom Inhaber beauftragten Mitarbeiters in den einzelnen Abteilungen der Firma umsehen.

Der in der Regel branchenkundige Prüfer muss den Inhaber über die von ihm entdeckten Sachverhalte, die steuerliche Auswirkungen haben, informieren und er kann gegebenenfalls ein Strafverfahren gegen den Inhaber eröffnen. Das hat für den Beklagten das Recht zur Verweigerung der Aussage zur Folge.

Schlussbesprechung

Am Schluss der Betriebsprüfung kommt es zu einer Schlussbesprechung. Dabei können Sie den Antrag stellen, dass das Finanzamt in einer verbindlichen Zusage darlegt, wie bestimmte Sachverhalte in Zukunft steuerlich behandelt werden.

Ein Unternehmer, der sich danach richtet, kann die Einhaltung dieser Zusage bei der nächsten Prüfung fordern.

Betriebsprüfungen enden meist damit, dass „vergessene" Beträge nachgezahlt werden müssen; teilweise werden Bußgelder aus Strafverfahren bzw. bei kleineren Fehlbeträgen Ordnungsgelder nach dem Steuerordnungswidrigkeitsverfahren erhoben.

Weitere Behördenkontakte

Fragebögen

Nach Ihrer Gewerbeanmeldung erhalten Sie auch einen Fragebogen der zuständigen Berufsgenossenschaft, die die gesetzliche Unfallversicherung trägt und die deshalb die Höhe der von Ihnen zu entrichtenden Beiträge ermitteln möchte. Dies kann auch dann eintreten, wenn Sie keine Arbeitnehmer beschäftigen, da in manchen Branchen die Versicherungspflicht auch für den Unternehmer selbst gilt.

Auch die Industrie- und Handelskammer oder bei Handwerksbetrieben die Handwerkskammer erhebt Beiträge und schickt einen Fragebogen.

Weitere auszufüllende Fragebögen erhalten Sie als Arbeitgeber vom Arbeitsamt, eventuell wegen der Eintragung der Rechtsform vom für das Handelsregister zuständigen Amtsgericht und, abhängig vom Gewerbe und von der Beschäftigung von Mitarbeitern, vom Amt für Arbeitsschutz. Wenn Sie Arbeitnehmer beschäftigen, müssen Sie diese auch bei der Krankenkasse anmelden, denn Ihre Arbeitnehmer sind sozialversicherungspflichtig.

Der Kapitalbedarf

Der für eine Betriebsgründung benötigte Kapitalbedarf setzt sich aus einer Mehrzahl von Einzelposten zusammen und ist u. a. von der Betriebsgröße, der Branche, der Rechtsform usw. abhängig, weiterhin davon, ob es sich um eine Neugründung oder eine Betriebsübernahme handelt oder ob der Betrieb gekauft oder gepachtet wurde.

Innen- oder Außenfinanzierung

Grundsätzlich unterscheidet man zwischen Innen- und Außenfinanzierung. Bei der Innenfinanzierung kommt das Kapital aus dem Unternehmen selbst, sei es aus zurückbehaltenem Gewinn oder aus der Freisetzung von Kapital (z. B. Pensionsrückstellungen). Bei der Außenfinanzierung fließt das Kapital von außen zu, entweder durch Kreditfinanzierung (Fremdkapital) oder durch Beteiligungsfinanzierung (Aufnahme von Partnern oder aber von Gesellschaftern).

Das Kapital wird benötigt für die notwendigen Investitionen und für sämtliche während der Anlaufzeit anfallenden Betriebs- und Geschäftskosten.

Fixe und variable Kosten

Bei den Kosten, die entweder vorgegeben sind oder durch Planung bzw. Schätzung ermittelt werden müssen, wird zwischen fixen und variablen Kosten unterschieden. Fixe Kosten sind unabhängig von Produktion und Umsatz, fallen also auch an, wenn kein Umsatz erzielt wird. Dazu gehören z. B. die Miete, Darlehenszinsen oder Versicherungsbeiträge.

Der Kapitalbedarf für Investitionen setzt sich zusammen aus dem Kaufpreis für Gebäude und Grundstücke, einschließlich der Nebenkosten für den Erwerb (Notariatsgebühren, Grundbucheintragung, Grunderwerbssteuer) bzw. für die Bau- und Erschließungskosten, den Kosten für Einrichtung und Ausstattung (Maschinen, Büroeinrichtung, Fahrzeuge usw.) und aus den Kosten für Anlagegüter, das Warenlager und den Firmenwert.

Der Kapitalbedarf für die laufenden Betriebs- und Geschäftsaufwendungen während mehrerer Monate der Anlaufzeit besteht aus Löhnen und Gehältern einschließlich der nicht unerheblichen

Lohnnebenkosten, den Beschaffungskosten für den ersten Warenbestand, dessen Größe von der branchenüblichen Umschlaghäufigkeit abhängt, den Kosten für Roh-, Hilfs- und Betriebsstoffe, den Energiekosten sowie den Kosten für Heizung und Licht, den Kosten für den Bürobetrieb und Büromaterial, den Mietkosten, den Zinsen für das aufgenommene Fremdkapital, den Aufwendungen für Versicherungen und Beiträge für Verbände und Körperschaften und den Kosten für die Werbung.

Bei der Festlegung des Kapitalbedarfs sollte man eine Sicherheitsreserve von etwa 10 bis 15 % hinzurechnen.

Umfragen belegen immer wieder, dass die Beschaffung von Fremdkapital ein Hauptproblem der Unternehmensgründung darstellt. Nach der „Münchner Gründerstudie“ (siehe auch Anhang) gab zwar etwa ein Viertel der Befragten an, ganz ohne Startkapital ausgekommen zu sein. Doch sind viele offensichtlich von einem recht engen Kapitalbegriff ausgegangen, wenn sie z. B. vorhandenen betrieblich nutzbaren Grundbesitz oder das bereits vor der Gründung vorhandene Kraftfahrzeug nicht einbezogen haben. Um die jeweiligen Größenordnungen abschätzen zu können, hier einige Zahlenangaben aus dieser Untersuchung:

Start- bzw. Fremdkapital

Das meiste Startkapital braucht man im produzierenden und verarbeitenden Gewerbe und im Baugewerbe mit durchschnittlich DM 321 000. Das überrascht angesichts der dort oft benötigten kostspieligen Ausstattung (Produktionsanlagen, Maschinen) nicht. Im Handel waren durchschnittlich DM 118 000 erforderlich und im Dienstleistungsbereich „nur“ DM 85 000.

Verschiedentlich wird – vielleicht aus einer anfänglichen Überschätzung der eigenen Möglichkeiten heraus, vielleicht aber auch, um bei den Banken einen „günstigen“ Eindruck zu hinterlassen – das Startkapital bzw. das dafür benötigte Fremdkapital zu niedrig angesetzt. Eine allzu knappe Kalkulation bringt jedoch Risiken mit sich. Auf lange Sicht kann nämlich auch zu große Vorsicht und Sparsamkeit teuer werden: Jemand, der sich z. B. eine Existenz als Spediteur aufbauen will, ist schlecht beraten, wenn er einen preisgünstigen, aber relativ alten und gebrauchten Lkw von einem „exotischen“ Hersteller kauft, bei dem ständig Reparaturen zu erwarten sind und die Ersatzteilversorgung schwierig wird. Dadurch bedingte Ausfälle bringen neben unkalkulierbar hohen Kosten dem Geschäft rasch den Ruf der Unzuverlässigkeit ein.

Fremdkapital

Um Fremdkapital aufzunehmen, muss genügend Eigenkapital – Grundstücke, Wertpapiere, Beteiligungen, aber auch wertvolle Sammlungen (z. B. Münzen) usw. – nachgewiesen werden, denn nur dann gilt man als kreditfähig. Da Sie ohne ein bestimmtes Minimum an Eigenmitteln auch keine öffentlichen Hilfen bekommen, sollten Sie sich zunächst einen genauen Überblick Ihrer verfügbaren Eigenmittel verschaffen. Bei der „Münchner Gründerstudie" hat sich gezeigt, dass die erfolgreichen Gründer im Durchschnitt sechsmal so viel Eigenkapital zur Verfügung hatten als die erfolglosen und nur dreimal so viel Fremdkapital investieren mussten.

Während bei erfolgreichen Existenzgründern DM 1 000 Fremdkapital durchschnittlich DM 2 400 Eigenkapital gegenüberstanden, kamen bei erfolglosen Gründern auf DM 1 000 Fremdmittel nur DM 1 200 Eigenmittel. Das weist auf ein solideres Finanzierungskonzept der erfolgreichen Gründer hin.

Eigenkapitalreserve wichtig

Die Erfahrung zeigt immer wieder, dass viele Neugründungen am zu geringen Eigenkapital scheitern. Vor allem die ersten Jahre werden ohne eine gute Eigenkapitalreserve schwer: Einerseits sind in dieser Zeit durch Anfangsinvestitionen, Gebühren, Kautionen, Werbung etc. die Kosten besonders hoch, andererseits sind die Einnahmen meist noch gering. Die Vorteile eines dicken Eigenkapitalpolsters liegen auf der Hand. Eigenkapital steht meist in voller Höhe, ohne Einschränkungen und unbegrenzt lange zur Verfügung und es bedarf in der Regel keines besonderen Aufwands, um es einzusetzen. Marlene Kück, Professorin für Finanzierung und Investition und Mitgründerin und Vorstandsvorsitzende der Bank für kleine und mittlere Unternehmen in Berlin, kritisiert die Vernachlässigung der Eigenkapitalausstattung und spricht sich dafür aus, die öffentlichen kreditbezogenen Finanzierungshilfen durch Eigenkapitalhilfen zu ersetzen, um so dem Mittelstand zu größerer finanzieller Stabilität zu verhelfen. Bei der (insgesamt berechtigten) Forderung nach einer breiten Eigenkapitalbasis wird aber gelegentlich übersehen, dass seine Verwendung kalkulatorische Zinsen kostet, denn man kann die in den Betrieb gesteckten Mittel ja nun nicht mehr anders anlegen. Mitunter sind – besonders dann, wenn man die öffentliche Förderung einbezieht – Fremdmittel preiswerter als eigenes Geld. Auf längere Sicht werden Sie, zumindest zeitweise, kaum um die Beschaffung von Fremdmitteln herumkommen, z. B. weil Sie zur Erhaltung Ihrer Konkurrenzfähigkeit schnell investieren müssen. Die Höhe des Fremdkapitals errechnet sich aus der Differenz zwischen dem Gesamtkapitalbedarf und den Eigenmitteln.

Fremdkapital aufnehmen

Fremdkapital aufzunehmen ist in der Praxis nicht immer problemlos und dementsprechend werden auch Kreditgespräche und die *** Kreditwürdigkeitsprüfung** gefürchtet. Dabei geht es für die Bank darum, die *** Bonität** des Gründers festzustellen – auch mit Hilfe der Schufa, der „Schutzgemeinschaft für allgemeine Kreditsicherung" oder von Wirtschaftsauskunfteien – und sein geschäftliches Konzept sowie Umsatzerwartung, Kosten und Ertragschancen zu prüfen. Kreditnehmer beklagen sich dabei vielfach über die umständliche Vorgehensweise der Geldinstitute, aber auch über Probleme bei der Beantragung öffentlicher Finanzierungshilfen.

Obgleich sich manche Existenzgründer über herablassendes und arrogantes Verhalten in den Gesprächen mit der Bank ärgern, insbesondere dann, wenn sie einen vergleichsweise geringen Kreditbedarf anmelden (bei dem die Bank nicht so viel verdient), handelt es sich dabei doch um Ausnahmen. Viele Kreditsachbearbeiter sind sich des Dilemmas zwischen der Bedeutung der Existenzförderung für die Wirtschaft einerseits und ihrer Pflicht zur Risikominimierung andererseits bewusst und bemühen sich, einen tragfähigen Kompromiss zwischen beidem zu finden.

Vorbereitung auf das Gespräch mit der Bank

Für Sie bedeutet das, dass Sie sich auf Ihr Gespräch gut vorbereiten müssen. Achten Sie dabei auch auf scheinbar beiläufige Fragen. Auch wenn Sie sich über allzu neugierige Fragen nach Ihrer persönlichen Lebenssituation ärgern, sollten Sie bedenken, dass eine Auskunftsverweigerung verdächtig macht und eine später aufgedeckte Lüge gefährlich sein kann. Andererseits sollte man aber die Bank, die sich schon aus eigenem Interesse um eine gute Beratung potenzieller Kreditnehmer bemüht, nicht nur als Gegner sehen, denn ein kritischer Sachbearbeiter bei der Kreditwürdigkeitsprüfung (die unabhängig davon ist, ob es sich um Bankkredite oder Kredite aus öffentlichen Mitteln handelt) kann noch manche Schwächen und Lücken in Ihrem Konzept entdecken.

Bei dieser Prüfung interessiert sich die Bank sowohl für Ihre persönlichen und fachlichen als auch für Ihre sachlichen Voraussetzungen:

Persönliche Voraussetzungen

- allgemeine persönliche und wirtschaftliche Verhältnisse (bestehende Verbindlichkeiten, bisherige Zahlungsweise)
- Schul-, Aus- und Fortbildung
- beruflicher Werdegang
- Branchenkenntnisse
- Motive des Gründers

Sachliche Voraussetzungen

- Marktchancen
- Standort
- Eigenkapitaleinsatz
- vorhandene Geschäftsverbindungen
- Gründungskonzept
- Einkommen des Ehepartners und Möglichkeiten seiner Mitarbeit im Unternehmen

Folgende Unterlagen werden in der Regel für dieses Gespräch benötigt:

Unterlagen für das Gespräch mit der Bank

- Unternehmenskonzept
- Kosten-, Umsatz- und Ertragsvorschau
- Lebenslauf, beruflicher Werdegang
- Ausbildungsnachweise/Befähigungsnachweise
- Informationen über Standort und Einzugsgebiet
- Kauf- oder Mietvertrag
- Lichtbilder (bei fertig gestellten Objekten oder Produkten)

Zur Gewährung eines Kredits müssen ausreichende Sicherheiten vorliegen. Akzeptiert werden u. a.

- Grundschuld bzw. Hypothek
- Sicherungsübereignung von erworbenen Gegenständen (Maschinen und Einrichtungen werden aber nur zu einem Teil ihres tatsächlichen Wertes anerkannt)
- Risikolebensversicherung
- Bürgschaft Dritter (z. B. des Ehepartners, aber auch von Kreditgarantiegemeinschaften oder der Lastenausgleichsbank)

Wenn es auch in Anbetracht der geschilderten Schwierigkeiten und Widersprüche bei der Kreditwürdigkeitsprüfung verlockend erscheinen mag, die Hilfe von Freunden und Verwandten anzunehmen, muss man doch erkennen, dass diese Unterstützung manche Probleme mit sich bringen kann. Während Kreditbelastungen kalkulierbar sind, kommt es bei der finanziellen Unterstützung durch Verwandte und Freunde oft zu diffusen Verpflichtungen und Abhängigkeiten.

Ist z. B. eine Beziehung belastet, wird der verliehene Betrag oft sofort zurückgefordert. Besonders kritisch wird es dann, wenn in der Firma beträchtliche Mittel der Angehörigen des Ehepartners stecken und ein Zerwürfnis zwischen den Eheleuten droht. Gibt es keine schriftlichen Vereinbarungen über Kapitalhöhe, Laufzeit, Verzinsung, Kündigungsfrist und Sicherheiten, kann es leicht zu einem Gerichtsverfahren und schließlich zur Pfändung kommen. Deshalb sollte man schon im eigenen Interesse auf solche schriftlichen vertraglichen Regelungen bestehen.

Eigenkapital und langfristiges Fremdkapital

Nach einer Faustregel sollte das Eigenkapital und das langfristige Fremdkapital den Investitionsbedarf in voller Höhe decken und zusätzlich noch wenigstens einen Teil des Betriebsmittelbedarfs. Es sollten aber noch Eigenkapitalreserven übrig bleiben. Gerade wenn die Geschäfte gut laufen, ist es nämlich ratsam, noch Mittel verfügbar zu haben, um das Lager zu erweitern, damit die günstige Nachfragesituation auch ausgenutzt werden kann. Die von den Lieferanten eingeräumten * **Warenkredite** bieten zwar einen Ausweg, doch sind sie meist recht teuer und machen darüber hinaus vom Lieferanten abhängig. Bei den Kreditkosten muss man nicht allein den Zins berücksichtigen, sondern auch verlorene Barzahlungsrabatte.

Möglichkeit eines Bankkredits

Wenn Sie die Möglichkeit eines Bankkredits wählen, sollten Sie unbedingt die Angebote mehrerer Kreditinstitute vergleichen. Für eine Erweiterung des Kreditspielraums sind meistens zusätzliche Sicherheiten notwendig. Die neu angeschafften Waren und Einrichtungen können Sie verpfänden; deren Wert wird dabei allerdings nur mit 50 % angesetzt. Die Bank erwartet dann auch eine Abtretung der bestehenden oder künftigen Forderungen und oft sogar noch eine selbstschuldnerische Bürgschaft des Ehepartners, damit sie bei einem Zahlungsverzug unverzüglich vor Gericht gehen kann. Eine * **Ausfallbürgschaft** – der Bürge muss dabei erst dann zahlen, wenn der Gläubiger den Schuldner erfolglos verklagt hat – schützt zumindest vor einer sofortigen Klage.

Hilfen der öffentlichen Hand

Der Staat ist an Existenzgründern als guten zukünftigen Steuerzahlern sehr interessiert. Deshalb investiert er im Rahmen von öffentlichen Förderprogrammen in Gründungen. Insofern braucht sich kein Gründer, der Förderung in Anspruch nehmen möchte, als Almosenempfänger zu fühlen, wenn auch die Prozeduren der Antragstellung mitunter diesen Eindruck vermitteln können.

Gründungsförderung der öffentlichen Hand bedeutet in der Regel die Vergabe von Mitteln zu vergleichsweise günstigen Zinsen und Rückzahlungsbedingungen. Aufgrund des auch hier geltenden * **Subsidiaritätsprinzips** ist allerdings eine Vollfinanzierung aus öffentlichen Mitteln in der Regel nicht möglich. Neben den Eigenmitteln (als Faustregel gilt: mindestens 20 % des Gesamtbedarfs sind aufzubringen) sind auch immer die üblichen Bankdarlehen notwendig. Die Ausfallquoten bei öffentlicher Förderung sind im Vergleich zu nicht geförderten Gründungen wegen der ziemlich restriktiven Vergabebedingungen niedriger; so sind z. B. 90 % der von der Deutschen Ausgleichsbank (DtA) geförderten Gründungen erfolgreich. Risikoreichere Gründungen kommen also kaum in den Genuss solcher Mittel. Deshalb bedeutet die Aufnahme in ein Förderprogramm schon eine halbe Garantie für den Erfolg. Sollte der Gründer scheitern, werden die zur Verfügung gestellten Mittel sofort zurückverlangt, d. h., die Bank hält sich an die ihr eingeräumten Sicherheiten.

Bankdarlehen sind neben Eigenmitteln notwendig

Inzwischen gibt es mehrere hundert (auch miteinander kombinierbare) Programme, die hier nicht alle erwähnt werden können. Generell muss bei diesen Hilfen jedoch vor zu viel Euphorie gewarnt werden. In bestimmten Fällen können öffentliche Kredite durch die starre Konzeption gestaffelter Tilgungsraten geradezu eine Bedrohung für manches junge Unternehmen darstellen. Der Grundgedanke, die Firma in der Anfangsphase zu schonen und dann später stärker zu belasten, ist zwar richtig, doch ergeben sich so in Einzelfällen in der Wachstumsphase kaum tragbare finanzielle Aufwendungen, die nur mit einer entsprechenden Liquiditätsreserve aufgefangen werden können.

Förderprogramme

Deshalb und wegen der zahlreichen Voraussetzungen ist auch hier eine eingehende Beratung (bei den Banken, der Industrie- und Handelskammer oder bei Unternehmensberatern) unumgänglich.

Für die Förderung gibt es (neben der persönlichen Zuverlässigkeit, der fachlichen Eignung und einem realistischen Konzept) einige wichtige Bedingungen.

Bedingungen für die Förderung

Das Hausbankprinzip: Der Antrag muss bei einem Kreditinstitut (nach freier Wahl) gestellt werden und wird über diese Bank an den Geldgeber, mit dem Sie also immer nur indirekt zu tun haben, weitergeleitet. Die Wartezeit bis zur Auszahlung der Mittel beträgt bis zu einem halben Jahr, doch ist eine Zwischenfinanzierung (zu höheren Zinsen) durch die Bank möglich.

Dabei sollten Sie allerdings der Bank auf die Finger sehen: Zum einen hat die Bank nur ein begrenztes Interesse an der Vermittlung öffentlicher Mittel, weil sie an ihren eigenen Krediten verdienen möchte, zum anderen soll es auch vorkommen, dass die Bank absichtlich verzögert, um besser am zwischenzeitlich gewährten Kredit zu verdienen.

Sobald der Bewilligungsbescheid über die Fördermittel bei der Hausbank vorliegt, kann sie die Beträge sofort abrufen. In der Regel können Sie dann etwa zwei Wochen später darüber verfügen.

Das Prinzip der Primärhaftung: Die ★ **Hausbank** muss die volle Haftung übernehmen. Bis zu 80 % der Kreditsumme können durch Bürgschaften des Staates oder der Kreditgarantiegemeinschaften gesichert werden.

Das ★ Subsidiaritätsprinzip: Öffentliche Darlehen sind nur zusätzliche Hilfen, mit denen bis zu zwei Drittel des Finanzierungsbedarfs für Investitionen gedeckt werden können. Daneben sind noch Eigenmittel, Eigenkapitalhilfe und Bankkredite (zu den üblichen Konditionen) zu nutzen.

Vorbeginnklausel: Der Antrag muss vor Beginn des Vorhabens gestellt werden, eine Nachfinanzierung oder Umschuldung ist nicht möglich.

Erste Existenzgründung: Es muss sich bei dem Vorhaben um die erste Existenzgründung des Antragstellers handeln. Antragsteller, die schon einmal selbstständig waren, erhalten keine Förderung aus öffentlichen Mitteln.

Es werden nur **Vollexistenzen** gefördert, d. h. es darf nach einer angemessenen Anlaufzeit keine abhängige Tätigkeit mehr ausgeübt werden. Nach etwa zwei Jahren muss eine ausreichende Rentabilität sichergestellt sein.

Übernahme und Beteiligung: Gefördert wird auch die Übernahme oder die tätige Beteiligung an einem Unternehmen (also z. B. nicht eine Beteiligung als ***Kommanditist**).

Investitionsförderung: Es werden nur Investitionen einschließlich des ersten Warenlagers gefördert, nicht dagegen Betriebskosten wie Anlaufkosten oder Werbung.

Bilanzvorlage: Bei der Antragstellung muss eine Eröffnungsbilanz vorgelegt werden, ferner eine Planbilanz für das Ende des ersten und eine für das Ende des zweiten Jahres sowie eine Gewinn-und-Verlust-Rechnung für jedes Jahr. Selbst wenn die Chancen der Gründung sehr gut sind, warnen manche Experten davor, zu positiv projektierte Bilanzen bzw. Gewinn-und-Verlust-Rechnungen vorzulegen: Manchen Vorhaben soll deshalb schon die Unterstützung verweigert worden sein. Als Faustregel gilt: Nach dem ersten Jahr werden Verluste erwartet, nach dem zweiten Jahr sollten sich Gewinne und Verluste in etwa ausgleichen.

Nachfolgend eine knappe Übersicht über einige wichtige öffentliche Finanzierungshilfen. Nähere Auskünfte erhält man bei den jeweiligen Wirtschaftsministerien der Länder.

Weitere Informationen

Bei Existenzgründungen in den neuen Bundesländern gibt es noch zusätzliche Förderungen und Erleichterungen; über nähere, aktuelle Einzelheiten kann man sich beispielsweise bei der örtlichen Industrie- und Handelskammer erkundigen. Aktuelle Informationen liefert auch die Förderdatenbank des Bundesministeriums für Wirtschaft und Technologie. Dort können Sie die vollständigen Texte einschließlich der Richtlinien für die Förderung nachlesen (Internet: http://www.bmwi.de).

Das ERP-Existenzgründungsprogramm

Antragsberechtigt sind Nachwuchskräfte der gewerblichen Wirtschaft, insbesondere aus Handel, Handwerk, produzierendem Gewerbe, Gaststätten- und Beherbergungsgewerbe. Als förderungswürdig gelten Investitionen zur Errichtung und Einrichtung von Betrieben sowie hiermit verbundene Investitionen innerhalb von drei Jahren nach der Betriebseröffnung einschließlich eines ersten Warenlagers. Auch Betriebsübernahmen und tätige Beteiligungen an einem Betrieb werden gefördert. Der Zinssatz orientiert sich am Kapitalmarkt und bleibt von der Kreditzusage bis zum Ende der Laufzeit des Darlehens unverändert. Der Auszahlungskurs beträgt 100 %, die Laufzeit zehn Jahre (bei Bauvorhaben 15 Jahre), drei Jahre sind tilgungsfrei.

Wichtige öffentliche Finanzierungshilfen

Darlehen der Deutschen Ausgleichsbank

Innerhalb von acht Jahren nach der Firmengründung können Sie bis zu DM 200 000 beantragen, wobei die ersten beiden Jahre tilgungsfrei sind. Die Gesamtlaufzeit des Kredits beträgt maximal zehn Jahre.

DtA-Startgeld: Gefördert werden natürliche Personen und kleine Unternehmen im Bereich der gewerblichen Wirtschaft sowie Angehörige der freien Berufe mit einem relativ geringen Finanzierungsbedarf für die Gründung einer selbstständigen Existenz. Gefördert (durch Darlehen bis höchstens 50 000 Euro bzw. DM 25 560) wird die Existenzgründung und Übernahme einer tätigen Beteiligung für betrieblich bedingte Investitionen und Betriebsmittel. Eine Förderung ist auch dann möglich, wenn das Unternehmen zunächst als Nebenerwerb geführt wird.

Förderungen der Bundesländer

Auch die Bundesländer fördern Existenzgründungen; Näheres erfahren Sie beim Wirtschaftsministerium Ihres Landes. Als Beispiel wird hier das Bayerische Mittelstandskreditprogramm skizziert.

Antragsberechtigt sind Existenzgründer aus der gewerblichen Wirtschaft, besonders Handel, Handwerk, Industrie, Verkehr usw. (für das Hotel- und Gaststättengewerbe besteht ein eigenes Förderprogramm). Als förderungswürdig gelten Investitionen zur Errichtung eines neuen Betriebs einschließlich des ersten Warenlagers, die Übernahme eines bestehenden Betriebs oder eine tätige Beteiligung. Der Zinssatz liegt zwar unter dem des ERP-Existenzgründungsprogramms, doch erfolgt nur eine Auszahlung von 99,8 %. Bei einer Laufzeit von acht Jahren (bei Bauvorhaben 15 Jahren) liegt die Mindestinvestitionssumme bei DM 29 000; vier Jahre sind tilgungsfrei.

Mittelständische Beteiligungsgesellschaften

Die Bundesländer fördern aussichtsreiche Existenzgründer nicht nur mit zinsgünstigen Darlehen und öffentlichen Bürgschaften, sondern beteiligen sich über die Mittelständischen Beteiligungsgesellschaften (MBG) auch als stiller Teilhaber an jungen Unternehmen. Informationen gibt es sowohl bei Banken als auch beim Wirtschaftsministerium des betreffenden Bundeslandes.

Überbrückungsgeld für arbeitslose Gründer

Existenzgründer, die vor der Gründung Arbeitslosengeld oder Arbeitslosenhilfe bezogen haben, können beim Start in die Selbstständigkeit beim Arbeitsamt ein Überbrückungsgeld (Dauer von acht bis 26 Wochen) und zusätzlich einen Zuschuss für Krankenversicherung und Altersversorgung beantragen. Allerdings ist dafür ein Gutachten über die Erfolgsaussichten der Gründung unbedingt erforderlich.

Eigenkapitalhilfeprogramm

Antragsberechtigt sind Existenzgründer aus dem Bereich der gewerblichen Wirtschaft und der freien Berufe, wenn der Aufbau einer tragfähigen Existenz ohne diese Förderung nicht möglich wäre. Als förderungswürdig gelten Investitionen zur Gründung einer selbstständigen Existenz einschließlich der Beschaffung eines ersten Warenlagers sowie die Betriebsübernahme oder die tätige Beteiligung an einem Betrieb. Die Eigenkapitalhilfe wird ohne bankübliche Sicherheiten gewährt. Erforderlich ist jedoch eine fachliche Beurteilung des Vorhabens durch eine unabhängige Stelle wie z. B. die Industrie- und Handelskammer.

Der Eigenmittelanteil soll 15 % betragen. Sie müssen voll für die Investitionen eingesetzt werden. Nur in beschränktem Umfang ist eine Finanzierung des Betriebsmittelbedarfs durch die Eigenmittel möglich. Die Mindestinvestitionssumme beträgt DM 40 000. Bei Gründungen einer Gesellschaft beträgt das Minimum je Gesellschafter DM 40 000. Die Eigenkapitalhilfe ist in den ersten beiden Jahren zinslos; danach beträgt der Zinssatz (Stand Oktober 1999) 3 % im 3. Jahr, 4 % im 4. Jahr und 5 % im 5. Jahr. Am Ende des 10. Jahres wird der Zinssatz für die Restlaufzeit unter Zugrundelegung des ggf. veränderten Zinsniveaus neu festgelegt. Hinzu kommt noch eine Bearbeitungsgebühr in Höhe von 2 % der gewährten Eigenkapitalhilfe sowie ein ★ **Garantieentgelt** von 0,7 % pro Jahr der jeweils valutierenden Eigenkapitalhilfe. Die Laufzeit beträgt 20 Jahre; die Tilgung beginnt im 11. Jahr; eine vorzeitige Tilgung ist möglich.

Öffentliche Bürgschaften

Auch die öffentliche Hand gewährt Bürgschaften. So gibt es z. B. in Bayern Kreditgarantiegemeinschaften für den Handel, für das Hotel- und Gaststättengewerbe, für das Handwerk und für den Gartenbau. Die Kosten für 80 %ige Ausfallbürgschaften betragen pro Jahr 0,75 bis 1 % des jeweiligen Bürgschaftsbetrages. Hinzu kommt ein einmaliger Betrag von 1 % der Summe für den Haftungsfonds bzw. als Bearbeitungsgebühr.

Weitere Möglichkeiten bestehen in der Beantragung von Investitionszuschüssen. Ein Beispiel dafür ist die Existenzgründungsförderung im Rahmen der regionalen Strukturpolitik. Für Investitionen zur Neuansiedlung gewerblicher Produktionsbetriebe und Fremdenverkehrsbetriebe in den Fördergebieten der Gemeinschaftsaufgabe „Verbesserung der regionalen Wirtschaftsstruktur" können Zuschüsse beantragt werden.

Zur Erweiterung der Eigenkapitalbasis kann man aber auch stille Gesellschafter beteiligen. Dafür gibt es eigene Beteiligungs- und Finanzierungsgesellschaften.

BEISPIEL

Fritz K. möchte sich (in Bayern) als Spediteur selbstständig machen.

Für die Fahrzeuge, die Büroeinrichtung, eine Lagerhalle und Werkzeuge muss er DM 420 000 investieren. Dazu hat er folgenden Finanzierungsplan aufgestellt:

Eigenkapital (15 %)	DM	63 000
Öffentliche Förderprogramme		
▪ Eigenkapitalhilfe (maximal 25 %)	DM	105 000

■ Bayerisches Mittelstandsprogramm (40 %, u. U. auch höher)	DM	168 000
■ ERP-Existenzgründungsprogramm (10 %, u. U. auch höher)	DM	42 000
Gewerbedarlehen der Sparkasse	DM	42 000
Gesamtfinanzierung	**DM**	**420 000**

Bis die einzelnen Kreditsummen zur Verfügung stehen, ist eine Zwischenfinanzierung durch die Sparkasse möglich. Für die Finanzierung der laufenden Betriebsausgaben und für die Außenstände kann Fritz K. einen Betriebsmittelkredit aufnehmen.

Weitere Förderprogramme

Aus der großen Anzahl öffentlicher Existenzförderungsprogramme wollen wir Ihnen abschließend noch einige (auch länderspezifische) nennen, über die Sie sich ggf. näher bei Banken (z. B. Deutschen Ausgleichsbank), Kammern und anderen Beratungsstellen erkundigen sollten:

Öffentliche Existenzförderungsprogramme

- Beteiligungskapital für kleine Unternehmen
- Beteiligungskapital für innovationsorientierte Existenzgründungen (Bayern)
- DtA-Bürgschaften neue Länder
- DtA-Existenzgründungsprogramm
- DtA-Investitionsprogramm Steinkohle-Standorte
- Eigenkapitalergänzungsprogramm (EKE) des Bundesministeriums für Wirtschaft und Technologie zur Förderung selbstständiger Existenzen in den neuen Bundesländern
- ERP-Darlehen zur Förderung von betrieblichen Ausbildungsplätzen
- ERP-Aufbauprogramm
- ERP-Regionalprogramm
- Existenzgründungsprogramm (Hamburg)
- Förderung von Existenzgründern (mit und ohne Hausbank) (Mecklenburg-Vorpommern)
- Förderung mittelständischer Existenzgründungsvorhaben (Sachsen-Anhalt)
- Förderung von Existenzgründungen (Bremen)
- Förderung technologieorientierter Unternehmensgründungen (Bayern)

- Hessisches Existenzgründerprogramm (Hessen)
- Meistergründungsprämie (Berlin)
- Meistergründungsprämie NRW (Nordrhein-Westfalen)
- Meistergründungszuschuss (Brandenburg)
- Meistergründungszuwendung (Thüringen)
- Programm Junge Innovatoren (Baden-Württemberg)
- Startkapitalprogramm des Saarlandes

Kapitalaufstockung

Etwa vom dritten Jahr an tauchen neue Probleme auf: Nicht nur, dass sich nun das Finanzamt regelmäßig meldet, es fällt nun auch die Tilgung der öffentlichen Kredite an. Hinzu kommt, dass sich gerade bei gutem Geschäftsgang der Finanzbedarf erhöht: Um die gestiegene Nachfrage zu befriedigen, sind Neuinvestitionen und Lagererweiterungen notwendig. Damit ergibt sich ein erhöhter Liquiditätsbedarf. Zu seiner Deckung stehen mehrere Möglichkeiten zur Verfügung: eine Verbesserung der Ertragslage, die Aufnahme von (neuen) Krediten, neue Formen der Finanzierung oder die Aufnahme neuer Partner mit Kapital in das Unternehmen.

Deckung eines erhöhten Liquiditätsbedarfs

Neben konsequenten Bemühungen um den Abbau von Außenständen muss der Gewinn gesteigert werden, z. B. auch – soweit möglich – durch eine Erhöhung der Preise. Zumindest ein Teil der so erzielten Einnahmen sollte als Liquiditätsreserve beiseite gelegt werden.

Eine Möglichkeit der Kapitalaufstockung besteht darin, die Finanzierung so zu ändern, dass trotz Liquiditätserhöhung weniger Eigenkapital gebunden wird. Anstatt bestimmte Betriebsmittel, z. B. Kraftfahrzeuge, Maschinen oder EDV-Anlagen, zu erwerben, kann man zum Mietkauf (Leasing) übergehen. Man bezahlt dabei bestimmte Raten für die Nutzung und hat das Recht, nach Ablauf einer bestimmten Frist das Objekt zu kaufen. Dabei sollten aber auch Serviceleistungen, z. B. die Wartung, eingeschlossen sein.

Bei bestimmten Objekten, die wie eine EDV-Anlage wegen der technischen Entwicklung schnell veralten, ist es wichtig, auf der Möglichkeit zur kurzfristigen Kündigung des Leasingvertrages zu bestehen, selbst wenn dann die Raten höher angesetzt werden als bei einer festen Nutzungsdauer.

So finden Sie die ersten Kunden

Im Idealfall haben Sie bereits zum Zeitpunkt Ihrer Existenzgründung die ersten Kunden. Das kann zum Beispiel Ihr ehemaliger Arbeitgeber sein. Aber Ihre ersten Kunden können auch aus Ihrem Bekanntenkreis kommen oder Geschäftspartner aus Ihrer Angestelltenzeit sein. Dieser Grundstock wird Ihnen zwar den Start erleichtern, doch für den Aufbau Ihrer Selbstständigkeit ist die erfolgreiche Suche nach Neukunden unerlässlich. Das heißt für Sie: So kostengünstig wie möglich die Werbetrommel rühren.

„Die Hälfte unseres Werbebudgets ist pure Verschwendung. Wir wissen nur nicht, welche Hälfte." Dieses Zitat des Großindustriellen Henry Ford bringt das größte Problem der Werbung auf den Punkt: Zum einen ist Werbung notwendig, um bestehende Kunden zu halten und neue zu finden, zum anderen jedoch ist die Wirkung der Werbeaktivitäten oft nur schwer messbar. Deshalb gibt es auch kein Patentrezept für die perfekte Werbeplanung. Fundierte Informationen und eine gründliche Vorbereitung sind hierbei genauso wichtig wie das intuitive Gespür für die Bedürfnisse der Zielgruppe, die man ansprechen will.

Werbung ist notwendig

Was ist eine ***Zielgruppe**? Eine Zielgruppe besteht aus allen Menschen, Firmen und Institutionen, die als Käufer für Ihr Produkt oder Ihre Dienstleistung infrage kommen. Die Zielgruppe des Fahrradhändlers sind alle, die gerne Fahrrad fahren – ob nur in der Freizeit oder auf dem Weg zur Arbeit oder zur Schule. Die Zielgruppe des Juweliers sind alle, die Freude an hochwertigem Schmuck haben und ihn sich auch leisten können. Die Zielgruppe des Auspuffherstellers besteht zum einen aus den Automobilherstellern, die seine Produkte in ihre Autos einbauen, zum anderen aus den Werkstätten, die entsprechende Ersatzteile für die Reparatur brauchen.

Zielgruppe genau definieren

Dabei ist natürlich zu berücksichtigen, dass die Zielgruppe auch regional begrenzt sein kann. Die Zielgruppe der Bäckerei ist meist auf den Wohnort begrenzt, die eines Fachgeschäftes je nach Konkurrenzsituation regional, die eines Versandhandels bundesweit, und die Zielgruppe eines Spezialanbieters in einer Marktnische kann – auch wenn es sich um einen Kleinbetrieb handelt – international strukturiert sein.

Nun liegt es an Ihnen, Ihre Zielgruppe möglichst treffend einzugrenzen und dann herauszufinden, wie Sie Ihre potenziellen Kunden so kostengünstig wie möglich ansprechen können. Hierzu haben Sie mehrere Möglichkeiten.

Anzeigen in Tageszeitungen

Auf welchen Wegen Sie Ihre Zielgruppe erreichen

Wenn Ihre Zielgruppe vorwiegend aus Privatpersonen im Verteilungsgebiet der Zeitung besteht, können Sie auf diese Art und Weise effizient Werbung betreiben. Ein Grafiker kann Ihnen dabei helfen, die Anzeigen professionell und werbewirksam zu gestalten. Die Kosten für die Anzeigenschaltung hängen von der Rubrik, unter der sie erscheinen, von der Auflage der Zeitung und von der Größe der Anzeigen ab. Interessant sind auch Anzeigen im Zusammenhang mit Sonderveröffentlichungen wie beispielsweise „Bauen und Renovieren" oder „Rund ums Auto", da die Artikel und auch die dazugehörigen Anzeigen von denen, die an dem Thema interessiert sind, aufmerksam gelesen werden.

Mit Zeitungsanzeigen werben zum Beispiel Einzelhändler, Handwerker, Reisebüros oder Immobilienmakler.

Zeitungsbeilagen/Haushaltswerbung

Diese Form der Werbung ist bedeutend kostspieliger als eine Anzeige. Sie empfiehlt sich vor allem dann, wenn Sie Ihre potenziellen Kunden auf ein umfangreicheres Angebot aufmerksam machen wollen. Das kann die neue Frühjahrsmode, das erweiterte Möbelsortiment oder die Sonderaktion zum Schlussverkauf sein.

Die Druckkosten richten sich nach der Aufmachung und dem Umfang des Werbeprospekts, die Verteilungskosten sind vom Gewicht abhängig. Oft bieten auch Hersteller ihren Händlern bereits fertig gedruckte Prospekte an, in die sie nur noch Name und Anschrift Ihrer Firma eindrucken lassen müssen. Mit Zeitungsbeilagen oder per Prospektverteilung werben zum Beispiel größere Einzelhändler, Kaufhäuser, Einrichtungshäuser oder Supermärkte.

Anzeigen in Fachzeitschriften

Dies ist für Sie dann empfehlenswert, wenn Sie Ihre Produkte an Firmen verkaufen möchten, deren Entscheidungsträger und Einkäufer bestimmte Fachzeitschriften lesen. So bieten viele freie Grafiker ihre Dienste in der Zeitschrift „Werben und Verkaufen" an, weil diese Zeitschrift von Werbeleitern, Werbeberatern und Inhabern von Werbeagenturen gelesen wird. Oder wenn Sie sich auf die Konstruktion von bestimmten Maschinenteilen spezialisiert haben, können Sie in verschiedenen Fachzeitschriften der Maschinenbaubranche inserieren. Auch hier ist die Mitwirkung eines Grafikers hilfreich, da die Gestaltungsvorschläge der Anzeigenverkäufer zwar nichts kosten, aber auch meist nichts wert sind. In Fachzeitschriften werben zum Beispiel Maschinenhändler, Werkzeughersteller, Fachgroßhändler, Unternehmensberater.

Plakatwerbung

Plakative Werbung springt ins Auge

Plakate können zwar keine umfangreichen Beschreibungen enthalten, doch wenn sie kreativ gestaltet sind, wirken sie als Blickfang und erregen die Aufmerksamkeit der Fußgänger oder Autofahrer. So unterstützen etwa Großflächenplakate die Anzeigen- und Fernsehkampagnen für Markenartikel, andere Plakate weisen auf Popkonzerte oder sonstige Veranstaltungen hin. Auch bei der Gestaltung Ihres Schaufensters (siehe auch Kapitel „Die Wahl des richtigen Standorts") können Sie Plakate wirkungsvoll integrieren, zum Beispiel als Hinweis auf eine Sonderaktion.

Mit Plakaten werben zum Beispiel große Markenartikelhersteller, Konzertveranstalter oder Theater.

Schaufensterwerbung

Kostengünstige Methode für Geschäftsinhaber

Die Werbung im Schaufenster ist für Sie die kostengünstigste Möglichkeit, auf sich aufmerksam zu machen, wenn Sie ein Ladengeschäft mit Schaufenstern führen. Sind Sie auf „Laufkundschaft" angewiesen – also auf Kunden, die im Vorübergehen auf Sie aufmerksam werden und bei Ihnen einkaufen – sollte dieser Aspekt bei der Wahl Ihres Standorts eine wichtige Rolle spielen.

Bei der Gestaltung Ihrer Schaufenster hilft Ihnen ein Dekorateur; die entsprechenden Kosten richten sich nach der Größe der Schaufenster und nach dem Aufwand, den die Dekoration erfordert. Im Schaufenster werben zum Beispiel Einzelhändler, Fachgeschäfte oder Banken.

Werbung bei Veranstaltungen und Messen

Eventmarketing

Das Eventmarketing (event = Ereignis) ruhte lange Zeit im Dornröschenschlaf, bis es in den letzten Jahren einen wahren Boom erlebte. Einer der erfolgreichsten Werbetreibenden auf diesem Gebiet ist wohl der Automobilkonzern VW, der mit dem Sponsern von Konzerten bekannter Popgruppen wie Genesis, Pink Floyd oder Bon Jovi für Furore sorgte. Doch zu diesem Bereich zählen nicht nur die spektakulären Aktionen, sondern auch die Hausmesse beim Fachgroßhändler, der Tag der offenen Tür bei der Neueröffnung oder der vom Fotofachgeschäft organisierte Fotowettbewerb mit pressewirksamer Preisverleihung. Wenn Sie eine Veranstaltung planen, sollten Sie schon im Vorfeld kräftig dafür werben, die Vorbereitung sorgfältig durchführen – je nach Größe der Veranstaltung vielleicht auch mit professioneller Unterstützung – und während der Veranstaltung ein waches Auge darauf haben, dass alles reibungslos verläuft. Denn bei Pannen oder Organisationsfehlern kann eine Veranstaltung leicht für Negativwerbung sorgen. Die Einsatzmöglichkeiten von Veranstaltungen sind so vielfältig, dass eigentlich fast jedes Unternehmen von dieser Art der Werbung Gebrauch machen kann. Wichtig hierbei ist nur, dass sich die Gesamtkosten in einem vertretbaren Rahmen halten und dass möglichst viele potenzielle Kunden von dem Ereignis erfahren und – idealerweise – auch kommen.

Der Werbebrief

Mit dem Werbebrief können Sie Ihren potenziellen Kunden direkt erreichen, ohne dass Sie den „Umweg" über ein Medium (z. B. Zeitung, Fachzeitschrift) machen müssen. Dies hat den Vorteil, dass Sie den Namen des Adressaten bereits kennen; vielleicht liegen Ihnen ja sogar noch weitere Informationen vor, wie zum Beispiel die Größe des Betriebs oder das Alter desjenigen, der angesprochen werden soll. Hier können Sie Ihre Zielgruppe sehr genau sortieren – wenn es sein muss, kann sie sogar im wahrsten Sinne des Wortes „handverlesen" sein.

Doch wer stellt Ihnen die erforderlichen Daten und Adressen zur Verfügung?

Adressverlage

Quellen für Daten und Adressen

Hier können Sie Adressen nach bestimmten Kriterien kaufen, wie zum Beispiel Branche, Betriebsgröße oder Region. Privatadressen können Sie auch nach bestimmten Wohngebieten selektieren lassen, in denen die Kaufkraft besonders hoch ist. Die Adressen werden Ihnen als Etiketten oder Datei zur einmaligen Nutzung zur Verfügung gestellt – im Wiederholungsfall müssen Sie die Mietgebühr nochmals zahlen.

Adressenhändler

Die so genannten „List Broker" sind Adressenhändler, die sich meist auf eine ganz bestimmte Branche spezialisiert haben. Solche Adressen sind zwar teurer als die der Adressverlage, doch in der Regel sind die Auswahlqualität und der Umfang der zusätzlichen Informationen deutlich besser.

Aufbau einer eigenen Datenbank

Dieser wichtige Bereich der Zielgruppenpflege wird in vielen Unternehmen – selbst in größeren Betrieben – sträflich vernachlässigt. Die Mehrzahl der Existenzgründer ist heute an den Umgang mit dem PC gewöhnt und für ein paar Hundert Mark gibt es komfortable Datenbankprogramme mit integrierter Serienbriefverarbeitung. Was also hindert Sie, Ihr eigener „Adressverlag" zu werden? Wenn sich jemand für Ihre Angebote interessiert, fragen Sie ihn nach seiner Adresse, nach Namen und Funktion des Ansprechpartners, nach Telefon- und Faxnummer – und Sie werden staunen, wie viele Informationen Sie schon nach kurzer Zeit gesammelt haben! Diese Daten müssen natürlich auch gepflegt werden. Richten Sie also Ihr Augenmerk darauf, dass bei Änderungen so schnell wie möglich die Aktualisierung vorgenommen wird.

Die Planung einer Werbebriefsendung

1. Schritt: Die Auswahl der Zielgruppe

Hier gilt zunächst als oberstes Gebot: Klasse statt Masse! Wählen Sie die Zielgruppe sorgfältig nach möglichst genauen und eindeutigen Kriterien aus.

Ein Beispiel: Alle Maschinenbauunternehmen im Ballungsraum Stuttgart mit einer Betriebsgröße von 20 bis 100 Mitarbeitern. Je klarer Ihre Zielgruppe definiert ist, desto gezielter können Sie in Ihrem Brief Ihre potenziellen Kunden ansprechen und desto geringer sind Ihre Streuverluste.

2. Schritt: Die Formulierung des Werbebriefes

Sie haben zwei Möglichkeiten: Entweder Sie texten den Brief selbst oder Sie lassen ihn von einem Werbetexter formulieren. Wenn Sie einen Werbetexter beauftragen, müssen Sie ihm die wichtigsten Informationen zur Verfügung stellen. Wenn Sie selbst begabt sind, können Sie den Werbebrief auch selbst verfassen.

Dabei sollten Sie einige Grundregeln beachten:

Grundregeln für das Verfassen von Werbebriefen

- Personalisieren Sie den Brief: Wenn Ihr potenzieller Kunde von Ihnen einen Brief bekommt, dann hat er es auch verdient, mit Namen angesprochen zu werden.
- Finden Sie eine kurze, prägnante Überschrift, die die Neugierde des Lesers weckt und ihm einen Vorteil in Aussicht stellt.
- Bauen Sie einen Dialog mit dem Leser auf, bevorzugen Sie Aktiv statt Passiv: „Sie können mit unserem Produkt … machen“ ist besser als „Mit unserem Produkt kann … gemacht werden.“
- Stellen Sie den wichtigsten Nutzen an den Anfang. Wenn der Brief mit Allgemeinplätzen beginnt, laufen Sie Gefahr, dass er nicht zu Ende gelesen wird und vorzeitig im Abfall landet.
- Sorgen Sie für gute Lesbarkeit: Endlose Absätze in exotischer Schrift ermüden das Auge.
- Fassen Sie sich kurz: Ihr Leser hat es nicht verdient, dass Sie ihm mit endlosen Ausführungen seine Zeit stehlen.

- Unterschreiben Sie den Werbebrief. Wenn die Zahl der Briefe zu groß ist, um jeden selbst zu unterschreiben, dann können Sie Ihre Unterschrift scannen und in den fertigen Brief eindrucken lassen.
- Machen Sie Ihrem Kunden die Antwort leicht, zum Beispiel mit einem Faxformular oder einer Antwortkarte.
- Denken Sie an das Porto: Ein Standardbrief hat DIN-lang-Format und darf höchstens 20 Gramm wiegen.
- Vergessen Sie den Absender nicht – anonyme Briefe sind nirgendwo gern gesehen und werden oft gar nicht geöffnet.

Nach der Werbebriefaktion empfiehlt es sich, anhand der Reaktionen eine Erfolgskontrolle durchzuführen. So bekommen Sie mit der Zeit ein Gefühl dafür, auf welche Art der Ansprache Ihre Zielgruppe am besten reagiert.

E-Commerce und Internetwerbung

Immer wichtiger: das Internet als Vertriebsweg

Wie man als ideenreiches Kleinunternehmen das Internet als Vertriebsweg erfolgreich nutzen kann, stellte die Regensburger Verlagskauffrau Ulrike Stadler eindrucksvoll unter Beweis. 1991 eröffnete sie eine Buchhandlung – aber nicht in der Fußgängerzone, sondern am PC im eigenen Wohnzimmer. Über den damaligen Btx-Onlinedienst konnten Kunden in Verlagsverzeichnissen stöbern und Bücher bestellen. Doch die Pionierin war ihrer Zeit voraus – das Geschäft lief lange Zeit schleppend. Der Durchbruch kam jedoch Ende 1995, als sie ihren virtuellen Buchladen im Internet präsentierte. „Schon sechs Monate später hatten wir nicht mehr zwei, sondern 35 Mitarbeiter", erinnert sich Ulrike Stadler. Die Bestellungen stiegen auf über 500 E-Mails pro Tag, der Umsatz wuchs auf über 10 Millionen Mark pro Jahr. Im April 1998 machte die Internet-Händlerin Kasse und verkaufte ihr Unternehmen an die US-Firma Amazon, die zu den weltweit größten Internet-Buchhandelsgruppen zählt.

Electronic Commerce – der Vertrieb von Produkten und Dienstleistungen via Internet – ist längst nicht mehr eine Domäne finanzkräftiger Großkonzerne. Im Gegenteil: Gerade auch Existenzgründer können mit virtuellen Shops oder zumindest mit einer eigenen Homepage die Chancen nutzen, die das neue Medium Internet bietet.

Bei der Erstellung der Homepage sollten Sie als Unternehmer auf Professionalität setzen. Zwar bieten Studenten oder Feierabendprogrammierer ihre Dienste zu Niedrigstpreisen an, doch nur eine durchdachte Konzeption und ansprechende Gestaltung sichern dauerhaft den Erfolg im Netz. Daher sollte der Dienstleister, der die Programmierung der Homepage übernimmt, über Erfahrung im Umgang mit den Problemen des Mittelstands verfügen und entsprechende Referenzen vorweisen können. Mammutgrafiken mit langen Ladezeiten, Unübersichtlichkeit und Programmierungsfehler können von ausgewiesenen Fachleuten schon von vornherein vermieden werden. Beim internationalen Einsatz kommt noch die Übersetzung der Texte auf der Homepage für die verschiedenen Sprachversionen hinzu. Auch hier gilt: Lieber ein paar Mark mehr für einen professionellen Übersetzer investieren, als mit sprachlichen Fehlleistungen für Verwirrung oder unfreiwillige Lacherfolge zu sorgen.

Auf Professionalität setzen!

Damit Ihre Homepage oder Ihr Internet-Shop auch wirklich zum Erfolg wird, sollten Sie die Internetwerbung in Ihren Werbemix einbinden. Dazu stehen Ihnen die folgenden Möglichkeiten zur Verfügung:

Internetwerbung in Werbemix einbinden

- Suchmaschinen und Branchenverzeichnisse: Wer im Internet Produkte oder Leistungen sucht, die Sie bieten, muss auf Ihre Homepage stoßen. Fragen Sie Ihren Provider nach entsprechenden Einträgen!
- Bannerwerbung: Mit Internet-Anzeigen auf den Seiten von Suchmaschinen, Datenbanken oder Informationsdiensten können Sie zusätzliche Aufmerksamkeit wecken.
- Kombination mit anderen Werbemaßnahmen: Ob Werbeanzeige, Briefkopf, Visitenkarte oder Prospekt – überall muss Ihre Internetadresse für potenzielle Kunden deutlich zur Geltung kommen!

UNSER TIPP So vermeiden Sie Surfer-Frust beim Besuch Ihrer Homepage:

- Schnelligkeit: Wählen Sie einen Provider mit direktem und schnellem Internetzugang und vermeiden Sie „Speicherfresser" wie aufwendige Grafiken oder Fotos.

- Informationsgehalt: Vermeiden Sie langatmiges Philosophieren und bringen Sie die Fakten auf den Punkt – denn der Surfer will schnelle und präzise Information.
- Übersichtlichkeit: Sorgen Sie für klare Strukturen und schnelle Navigation innerhalb Ihrer Seiten – dann kommt der Besucher gerne wieder!
- Aktualität: Prüfen Sie ständig, ob der Inhalt Ihrer Homepage noch aktuell ist. Schnee von gestern zählt zu den peinlichsten Internet-Fehlern.
- Dialogpflege: Beantworten Sie E-Mails so schnell wie möglich, um dem Interessenten zu zeigen, dass Sie sich wirklich um ihn kümmern.

Fachleute für Ihre Werbemaßnahmen

Nicht jeder Existenzgründer ist auch gleichzeitig ein Werbeprofi. Wenn Ihnen das nötige Geschick fehlt oder wenn die Exklusivität Ihrer Firma einen besonderen Werbeauftritt verlangt, können Sie die Hilfe von unterschiedlichen Fachleuten aus der Werbebranche in Anspruch nehmen. Die Kosten und Leistungen sind sehr unterschiedlich; deshalb lohnt es sich auf jeden Fall, zwei bis drei Vergleichsangebote einzuholen und sich auch Referenzen – möglichst aus Ihrer eigenen Branche – vorlegen zu lassen. Hier eine Auswahl der wichtigsten Werbefachleute:

Mehrere Angebote vergleichen!

Grafiker

Grafiker sind für Gestaltung zuständig – vom Prospekt bis zur Werbeanzeige. Die Leistungen sind unterschiedlich: Manche Grafiker sind besonders stark im Layout, andere in technischen Illustrationen, wieder andere in der Gestaltung von digitalen Medien wie beispielsweise Internet-Seiten. Jeder gute Grafiker wird Ihnen im ersten Gespräch eine kleine Auswahl seiner Arbeiten vorlegen, anhand der Sie beurteilen können, ob er zu Ihrem Unternehmensstil passt und bereits Erfahrungen in Ihrer Branche gesammelt hat. Das Texten sollten Sie dem Grafiker im Normalfall nicht überlassen, denn viele Grafiker betrachten Text nur als gestalterisches Element und werten das Formulieren von Werbetexten als Nebensächlichkeit – das Resultat ist dann meist dementsprechend.

Werbetexter

Wichtige Werbefachleute

Werbetexter befassen sich, wie der Name schon sagt, mit allen geschriebenen und gesprochenen Texten, die in der Werbung vorkommen von der Entwicklung eines Firmenslogans bis zur verständlich formulierten Bedienungsanleitung. Wichtig ist auch hier, dass der Texter bereits genügend Erfahrung in seinem Metier gesammelt hat, denn es gibt viele, die sich mit Werbetexten nebenher ein kleines Zusatzhonorar verdienen, obwohl sie vom „handwerklichen" Hintergrund des Werbetextens eigentlich wenig Ahnung haben.

Fotografen

Fotografen versorgen Sie mit qualitativ hochwertigen Fotos, die Sie auch als Vorlage bei der Produktion von Prospekten und Katalogen verwenden können. In vielen Fällen wird oft am falschen Ende gespart: Angesichts des Honorars verzichtet man auf den professionellen Fotografen und versucht, die Bilder selbst mit der Kleinbildkamera zu „knipsen". Das Ergebnis: schlecht ausgeleuchtete und perspektivisch verzerrte Aufnahmen, bei denen die Farbqualität zu wünschen übrig lässt. Bei Werbeprodukten, die eine gute Vorlagenqualität verlangen, sollten Sie deshalb unbedingt die Hilfe eines guten Fotografen in Anspruch nehmen – es macht sich bezahlt.

Dekorateure

Sie helfen Ihnen, Ihr Schaufenster werbewirksam zu gestalten, und nehmen Ihnen viel Arbeit ab, wenn sie notwendige Materialien besorgen. Besonders für Einzel- und Fachhändler sind kreative Dekorateure eine wertvolle Unterstützung.

Werbeagenturen

Die Leistungen von Werbeagenturen sind teurer als die der einzelnen Werbefachleute, doch sie bieten Ihnen „Full Service". Das bedeutet für Sie, dass Ihre Werbung von einer Hand betreut und koordiniert wird und dass Ihnen für die unterschiedlichsten Maßnahmen Fachleute zur Verfügung stehen, wie z. B. für die Herstellung von Prospekten, die Durchführung von Messen oder sonstigen Veranstaltungen oder die Konzeption von aufeinander abgestimmten Werbemaßnahmen.

Zur Auswahl der geeigneten Werbeagentur sollten Sie die Bewerber zunächst zu einem ersten Gespräch einladen und sich über das Preisniveau und den Leistungsumfang informieren; von Vorteil sind auch hier Erfahrungen in Ihrer Branche. Beim Vergleich mehrerer Werbeagenturen ist besondere Vorsicht geboten! Bei den „feinen Adressen" bezahlen Sie Stundenhonorare von mehreren hundert Mark. Dann gibt es noch die Billigstanbieter, die aber oft nichts anderes sind als in Werbeagenturen umbenannte Druckereien oder fachfremde Phrasendrescher, die Ihnen Leistungen versprechen, die sie nachher nicht erbringen können.

Auch in der Werbung gibt es die berühmt-berüchtigte „Grauzone", in der sich Glücksritter, Nepper und „Abzocker" tummeln. Hüten Sie sich

Hier ist äußerste Vorsicht geboten

- vor Adressbuchverlagen, die Ihnen Einträge in dubiose Adressbücher für teures Geld verkaufen wollen. Diese Firmenverzeichnisse erreichen in aller Regel ihre Zielgruppe nicht und sind oft das Papier nicht wert, auf dem sie gedruckt sind.
- vor Schwindelfirmen, die Ihnen Angebote zuschicken, die den Rechnungen der Telekom täuschend ähnlich sehen – in der Hoffnung, dass Sie den Betrug nicht bemerken und bezahlen.
- vor Anzeigenverkäufern, die Ihnen zu überhöhten Preisen zusammen mit anderen Firmen einen Platz in einer Gemeinschaftswerbung in teuren Medien verkaufen wollen.
- überhaupt vor allen „Schnellschützen", die Ihnen gleich beim ersten Beratungsgespräch das Geld aus der Tasche ziehen wollen. Werbemaßnahmen wollen gut überlegt und fundiert geplant sein und echte Werbeprofis akzeptieren, dass die endgültige Entscheidung über eine Zusammenarbeit nicht im ersten Kennenlerngespräch fällt.

Unerlässlich für Ihren Erfolg: Der richtige Umgang mit Geschäftspartnern

Wie Sie einen Interessenten als Kunden gewinnen

Auf eine Ihrer Werbeaktionen hat sich bei Ihnen ein Interessent gemeldet, dem Sie ein Angebot über Ihre Dienstleistungen oder Ihre Produkte unterbreiten sollen. In dieser sensiblen Anfangsphase hinterlassen Sie bei Ihrem Interessenten viele Eindrücke, die seine Entscheidung wesentlich beeinflussen werden.

Deshalb sollten Sie Ihrem künftigen Kunden viel Aufmerksamkeit schenken und einige Regeln beachten:

Regeln für die Kundengewinnung

- Lassen Sie den Interessenten nicht allzu lange auf das zugesagte Informationsmaterial oder Angebot warten. Informationsmaterial sollte möglichst noch am gleichen oder spätestens am darauf folgenden Tag versandt werden, die Ausarbeitung eines Angebotes darf nicht länger als eine Woche dauern. Ansonsten riskieren Sie, dass das Interesse des möglichen Kunden erlischt.
- Achten Sie auf eine ansprechende äußere Form. Zum Informationsmaterial gehört unbedingt ein persönlicher Begleitbrief, in dem Sie sich für das Interesse an Ihrer Firma bedanken; auch Ihr Angebot sollte klar strukturiert und freundlich formuliert sein. Bei umfangreichen Angeboten empfiehlt sich eine kleine Mappe, die die Unterlagen sehr viel ansprechender zusammenhält als eine Büroklammer.
- Bleiben Sie am Ball! Etwa drei bis vier Wochen nach der Angebotsabgabe können Sie ruhig bei dem Interessenten anrufen und ihn fragen, ob er sich bereits für ein Angebot entschieden hat. Wenn Ihr Angebot abgelehnt wird, dann bleiben Sie freundlich und signalisieren Sie Ihre Bereitschaft, bei der nächsten Gelegenheit gerne wieder ein Angebot abzugeben.

Machen Sie aus einem Neukunden einen Stammkunden

Erstaufträge optimalst betreuen

Bei der Bearbeitung des Erstauftrags eines neuen Kunden sollten Sie viel Sorgfalt walten lassen. Der Grund dafür liegt auf der Hand: Wenn beim Auftrag eines Stammkunden einmal etwas schief geht, haben Sie – sofern dies wirklich auch die Ausnahme ist – genügend „Guthaben", und zwischendurch kann ja jedem auch einmal ein Fehler unterlaufen. Lässt jedoch die Ausführung des ersten Auftrags zu wünschen übrig, dann ist dies der erste und einzige Eindruck, den Ihr neuer Kunde von Ihnen bekommt, und er wird es sich zweimal überlegen, ob er wieder zu Ihnen kommt und Ihnen weitere Aufträge erteilt.

Was bei Neukunden immer gut ankommt, ist eine Information über Ihr Unternehmen. Das kann in Form einer kleinen Betriebsbesichtigung geschehen oder Sie können dem neuen Kunden den Hausprospekt überreichen.

Ihre Kunden sollen sich bei Ihnen wohl fühlen

Der persönliche Umgang mit Ihren Kunden ist entscheidend dafür, ob sie zu Ihnen Vertrauen gewinnen oder nicht. Nicht allein Ihre Produkte, sondern vor allem auch Ihre Kunden sind die Basis für Ihren Geschäftserfolg, und die Art, in der Sie mit ihnen umgehen, zeigt deutlich, wie viel sie Ihnen wert sind und ob Sie gerne mit ihnen zusammenarbeiten.

Hier ein paar Ratschläge, mit denen Sie das Vertrauen Ihrer Kunden gewinnen und erhalten:

So fördern Sie das Vertrauen Ihrer Kunden

- Seien Sie ein guter Zuhörer. Versuchen Sie, durch gezielte Fragen und genaues Zuhören herauszufinden, was der Kunde von Ihnen erwartet, und setzen Sie dann alles daran, diese Erwartungen auch zu erfüllen.
- Seien Sie höflich. Sie brauchen ja nicht den guten alten „Knigge" auswendig zu lernen, doch es wirkt sehr angenehm, wenn Sie einem Gast den Vortritt lassen oder wenn Sie bei der Begrüßung und beim Abschied Ihren Geschäftspartner beim Namen nennen. Auch ein „Danke" zu viel ist besser als ein „Danke" zu wenig.

- Seien Sie ehrlich. Klären Sie Ihren Kunden über Nebenkosten oder Risiken auf, auch auf die Gefahr hin, dass er Ihnen einen Auftrag nicht erteilt. Dies ist allemal besser als der große Ärger nach der dicken Rechnung oder das Image eines windigen Schlaumeiers, dem man nicht über den Weg trauen darf.
- Seien Sie verlässlich. Einen guten Unternehmer zeichnet aus, dass man sich auf sein Wort verlassen kann. Die Einhaltung von Zusagen, die Pünktlichkeit bei Lieferterminen – das alles ist ein Kapital, das auch einmal einen Mehrpreis ausgleichen kann.
- Bieten Sie Service. Produkte und Leistungen werden immer austauschbarer und wer es nicht schafft, sich mit einem persönlichen Service zu profilieren, ist eben nur ein Anbieter unter vielen. Mit Ihrer besonderen Service-Idee können Sie Ihrem Unternehmen die persönliche Note geben, durch die Sie Ihrem Kunden angenehm in Erinnerung bleiben – und ein solch positiver Faktor hat eine nicht zu unterschätzende Werbewirkung.

Diese Tipps gelten auch für alle Mitarbeiter, die im Kontakt mit Kunden stehen. Jeder Mitarbeiter prägt im Umgang mit Kunden das Bild des Unternehmens entscheidend mit. Bei der Einstellung von Angestellten sollten Sie deshalb darauf achten, dass der Charakter des neuen Mitarbeiters zu dem Erscheinungsbild passen muss, das Ihr Unternehmen in der Öffentlichkeit haben soll.

Jeder Mitarbeiter ist ein „Aushängeschild" Ihres Unternehmens

Der Alltag im Betrieb

Die ersten Turbulenzen, die mit der Existenzgründung verbunden sind, haben Sie nun hinter sich, und aus einer Geschäftsidee ist inzwischen Ihr eigenes Unternehmen geworden. Die behördlichen Auflagen sind erfüllt, der passende Standort ist gefunden, auch die Finanzierung steht auf sicheren Beinen. Nun gilt es, möglichst rasch und ohne Reibungsverluste die eigentliche Geschäftstätigkeit aufzunehmen, denn Sie müssen ja von den Erträgen Ihres Unternehmens Ihren Lebensunterhalt finanzieren. Und je schneller Ihr Betrieb in die „schwarzen Zahlen" kommt, desto geringer ist Ihr Risiko, die Selbstständigkeit wegen finanzieller Schwierigkeiten wieder aufgeben zu müssen.

Betriebswirtschaftliche Grundkenntnisse sind erforderlich

Um einen Betrieb professionell führen zu können, bedarf es nicht nur der entsprechenden technischen Fachkenntnisse. Ohne ein betriebswirtschaftliches Grundwissen wird selbst die Erfolg versprechendste Idee zum Flop. Die kaufmännische Seite Ihrer Selbstständigkeit sollten Sie deshalb nicht als „notwendiges Übel" betrachten, sondern als Chance, mit cleverem Management Ihren Ertrag maximieren zu können. Deshalb lohnt es sich immer, in den Unterlagen aus der Berufs- oder Meisterschule nachzuschlagen und sich nochmals in die Fächer Wirtschaftskunde, Buchführung und kaufmännisches Rechnen zu vertiefen. Wenn Sie keine kaufmännischen Grundkenntnisse besitzen, sollten Sie dies unbedingt nachholen. Die Industrie- und Handelskammer, die Volkshochschulen und private Fortbildungseinrichtungen bieten Kurse unter Titeln wie „Grundlagen der Betriebswirtschaft" oder „Betriebswirtschaft für Existenzgründer" an.

Da Sie am Anfang sicherlich mit möglichst geringem Personalaufwand tätig sein wollen, werden Sie den größten Teil der kaufmännischen Tätigkeiten selbst übernehmen müssen. Der Nachteil ist, dass Sie möglichst jeden Tag Ihre Bürozeiten einplanen müssen, in denen Sie nicht produktiv im Betrieb tätig sein können. Die Personalkosten für eine kaufmännische Fachkraft können Sie auf diese Weise aber einsparen.

Der Aufbau der Kalkulation

Wenn Sie ein Produkt oder eine Dienstleistung anbieten, dann müssen Sie zunächst einen angemessenen Preis finden, mit dem Sie einerseits auf dem Markt konkurrieren können, der andererseits aber auch so bemessen ist, dass Ihre Kosten gedeckt werden und Sie zusätzlich noch einen Gewinn erzielen. Deshalb ist es ratsam, sich so gut wie möglich über das aktuelle Preisniveau zu informieren, um sich über die Konkurrenzfähigkeit der eigenen Angebote im Klaren zu sein. Der Aufbau einer Preiskalkulation ist von Betrieb zu Betrieb oft sehr unterschiedlich. Es gibt jedoch eine grobe Struktur, mit der man eine Grundlage für die eigene Kalkulation finden kann.

Das aktuelle Preisniveau herausfinden

Eine Kalkulation setzt sich hauptsächlich aus folgenden Positionen zusammen:

Positionen einer Kalkulation

  Materialkosten
\+ Lagerzinsen
\+ Bearbeitungskosten
\+ Kalkulatorische Abschreibungen
\+ Raumkosten
\+ Finanzierungskosten
\+ Verwaltungs- und Gemeinkosten
\+ Vertriebskosten
\+ Gewinnaufschlag
\+ Skonti und Rabatte

= **Verkaufspreis** (ohne Umsatzsteuer)

Materialkosten bestehen aus dem Preis, den Sie für die Ware im Einkauf bezahlen müssen, und aus den Nebenkosten wie z.B. Frachtkosten oder Einfuhrzoll.

Im **Lagerzins** wird berücksichtigt, dass Sie das eingekaufte und bezahlte Material nicht sofort wieder bearbeitet weiterverkaufen, sondern dass Sie die Zeit zwischen dem Bezahlen der Eingangsrechnung und dem Geldeingang aus der Rechnung an den Kunden zwischenfinanzieren müssen. Hierbei sollten Sie die Materialkosten mit dem banküblichen Zinssatz für diesen Zeitraum verzinsen und im Auge behalten, wie viele Tage erfahrungsgemäß zwischen Lagereingang und dem Geldeingang liegen.

Umlageformel für den Lagerzins:

$$\frac{\text{Materialpreis x Zinssatz x durchschnittliche Lager- und Bearbeitungstage}}{100 \text{ x } 360}$$

Zwei Kostenblöcke: Personalkosten und Maschinenkosten

Bearbeitungskosten setzen sich aus zwei Kostenblöcken zusammen: zum einen aus den Personalkosten, zum anderen aus den Maschinenkosten. Um die Personalkosten möglichst genau festhalten zu können, empfiehlt es sich, ein manuelles oder elektronisches Zeiterfassungssystem einzusetzen, damit ersichtlich wird, wer wann wie lange an welchem Kundenauftrag gearbeitet hat. Das einfachste Zeiterfassungssystem kann z. B. ein Kalender sein, in den Ihre Mitarbeiter und natürlich auch Sie selbst eintragen, wann wie lange an welchem Kundenauftrag gearbeitet worden ist. Hinzu kommen dann noch die anteiligen Sozialabgaben. Für die Maschinenkosten werden die Hilfs- und Betriebsstoffe, anteilige Aufwendungen für die Instandhaltung sowie die Energiekosten berücksichtigt.

Kalkulatorische Abschreibungen unterscheiden sich wesentlich von den steuerlichen Abschreibungen: Während bei den steuerlichen Abschreibungen der Kaufpreis auf die Nutzungsdauer verteilt wird, geht man bei der kalkulatorischen Abschreibung davon aus, dass eine Neuanschaffung nach Ablauf der Nutzungsdauer mit höheren Kosten verbunden ist als beim letzten Kauf. Das bedeutet, dass die Basis für die kalkulatorische Abschreibung nicht der tatsächliche Kaufpreis der Maschine ist, sondern der Preis, den man voraussichtlich in einigen Jahren für das Nachfolgemodell zahlt.

BEISPIEL

Eine Fräsmaschine kostet bei einer Nutzungsdauer von acht Jahren DM 400 000. Der voraussichtliche Preis für das Nachfolgemodell beträgt DM 600 000.

Steuerliche Abschreibung:

DM 400 000 : 8 Jahre = jährlich DM 50 000

Kalkulatorische Abschreibung:

DM 600 000 : 8 Jahre = jährlich DM 75 000

Umlageformel für die kalkulatorische Abschreibung bei einer Bearbeitungsstunde:

$$\frac{\text{Jährliche kalkulatorische Abschreibung}}{\text{voraussichtliche jährliche Laufzeit der Maschine in Stunden}}$$

Die **Raumkosten** setzen sich aus den Aufwendungen für die Miete bzw. die Abschreibungen für Gebäude, aus den Heizkosten, Reinigungskosten etc. zusammen. Sie werden meist im Verhältnis Angebot zu Jahresumsatz umgelegt.

Die **Finanzierungskosten** sind die Zinsen für die Finanzierung von Maschinen und Betriebsausstattung. Sie sollten nicht nur dann eingesetzt werden, wenn man tatsächlich einen Bankkredit in Anspruch genommen hat, sondern auch bei der Finanzierung aus Eigenmitteln, denn schließlich soll auch das eingesetzte Eigenkapital Gewinn bringend angelegt sein. Die Umlage erfolgt je nach finanziertem Objekt wie bei den kalkulatorischen Abschreibungen oder den Raumkosten.

Verwaltungs- und Gemeinkosten sind Aufwendungen, die man nicht direkt zuordnen kann: Lohnfortzahlung bei Krankheit, allgemeine Löhne und Gehälter, Kosten für Steuerberatung und Buchführung, Versicherungen und sonstige Beiträge. Die Umlage erfolgt meist anteilig zum Jahresumsatz.

Vertriebskosten sind wiederum meist direkt einem Produkt zuzuordnen: Kosten für die Werbung, Provisionen für Handelsvertreter, Frachtkosten bei Frei-Haus-Lieferung.

Der **Gewinnaufschlag** deckt nicht nur den Unternehmerlohn ab, sondern auch das Risiko, das Sie als Selbstständiger eingehen: Sie müssen mit Forderungsausfällen rechnen, Reklamationen und Haftungsansprüche können auf Sie zukommen und unvorhersehbare Ereignisse können den Betriebsablauf ins Stocken bringen.

Nicht zuletzt sollten Sie **Skonti und Rabatte**, die Sie Ihren Kunden gewähren, vorher in den Verkaufspreis mit einkalkulieren. In dieser Position findet sich auch der Verhandlungsspielraum, der vor allem bei Aufträgen größeren Umfangs dem Einkäufer das befriedigende Gefühl gibt, noch etwas „herausgeholt“ zu haben.

Absolute Untergrenze für einzelnen Auftrag

Nicht immer können Sie einem Kunden gegenüber den kalkulierten Preis durchsetzen und dann stellt sich für Sie die Frage, wie weit Sie mit Ihren Zugeständnissen gehen können. Als Faustregel gilt hierfür: Die absolute Untergrenze für einen einzelnen Auftrag ist dann erreicht, wenn die variablen Kosten – also Materialkosten, Bearbeitungskosten und Vertriebskosten – gerade noch gedeckt sind. Diesen Preis sollten Sie nur im äußersten Fall einräumen, etwa wenn Sie keinen lukrativeren Auftrag als Ersatz annehmen können. Ansonsten gilt auch für Ihren Betrieb die Binsenweisheit, dass kein Unternehmen auf Dauer mit Verlust arbeiten kann. Deshalb empfiehlt es sich auch, in einer Nachkalkulation einen Soll-Ist-Vergleich anzustellen, um nach der Durchführung eines Kundenauftrags die eigene Kalkulation zu überprüfen und dadurch Wiederholungsfehler zu vermeiden.

Buchführung und Steuern

Diese beiden Worte sind für viele Unternehmer ein „rotes Tuch", denn hier beginnt der Staat, an ihren Erträgen mitzuverdienen. Sie sollten sich dennoch mit dieser Thematik befassen, um die gesetzlichen Vorschriften mit möglichst geringem Aufwand erfüllen zu können.

Ihre Pflicht als Selbstständiger ist es, Einnahmen, Kosten und Aufwendungen dem Finanzamt gegenüber transparent zu machen.

Einnahme-Überschuss-Rechnung

Dies kann bei einem kleinen Betrieb in Form einer einfachen Einnahme-Überschuss-Rechnung geschehen. Bei bestimmten Rechtsformen, z. B. bei der ***GmbH**, ist es notwendig, eine laufende Buchhaltung mit Inventur, Gewinn-und-Verlust-Rechnung und Bilanz zu führen. Wenn Sie die Möglichkeit haben, sollten Sie bei einer Einnahme-Überschuss-Rechnung bleiben, da dies mit bedeutend weniger Aufwand verbunden ist als eine komplizierte Bilanzierung. Ob Sie dazu berechtigt sind, das erfahren Sie von Ihrem Steuerberater oder bei Ihrem Finanzamt.

Wenn Sie mit einem Steuerberater zusammenarbeiten, können Sie übrigens Ihre laufende Buchführung von ihm bzw. seinen Angestellten durchführen lassen. Es ist allerdings meist kostengünstiger, einen freien Buchhalter oder einen Buchhaltungsservice damit zu beauftragen. Das sieht dann in der Praxis so aus, dass Sie zumindest einmal pro Monat Ihre laufende Buchhaltung auf den aktuellen Stand bringen lassen. Dies ist für Sie wichtig, weil Sie sonst schnell den Überblick verlieren und unter Umständen nicht mehr reagieren können, wenn es beispielsweise darum geht, aus steuerlichen Gründen noch vor Jahresende eine größere Investition zu realisieren. Auf dem EDV-Markt gibt es inzwischen eine größere Zahl preisgünstiger Buchhaltungsprogramme, die allerdings nicht immer den Anforderungen der Praxis entsprechen. Hier sollten Sie das Angebot also genau prüfen.

Wichtige Merkmale eines guten Programmes sind:

Merkmale eines guten Buchhaltungsprogramms

- Es muss von professionellen Buchhaltern entwickelt sein und den Prüfvermerk eines Wirtschaftsprüfungsinstituts tragen.
- Der Hersteller muss garantieren, dass das Programm ständig aktualisiert und an eventuelle Gesetzesänderungen angepasst wird.
- Die Druckfunktion muss eigene Formulare zur Umsatzsteuermeldung und Bilanzierung anbieten, die von einer Oberfinanzdirektion geprüft und genehmigt sind.
- Das Programm muss Optionen enthalten, die die Anlage eigener Konten oder die Verwendung eines anderen Kontenrahmens unterstützen.

Bei der Steuergesetzgebung hält die Bundesrepublik Deutschland einen traurigen Rekord: In kaum einem anderen Land sind die Steuergesetze so kompliziert und undurchsichtig – sehr zur Freude der Steuerberater, die recht gut davon leben, dass sich außer ihnen und den Finanzbeamten kaum jemand in diesem Paragraphendschungel zurechtfindet. Als Selbstständiger werden Sie die Kosten für einen Steuerberater kaum vermeiden können – es sei denn, Sie haben eine fundierte betriebswirtschaftliche Ausbildung und sind über die aktuelle Steuergesetzgebung selbst genau informiert.

Bei der Wahl des Steuerberaters sollten Sie übrigens sorgfältig vorgehen und die folgenden Punkte in Ihre Überlegungen mit einbeziehen:

Wahl des Steuerberaters

- Hat der Steuerberater eher Privatpersonen oder – was vorteilhaft ist – Selbstständige und Betriebe in seinem Klientenkreis?
- Wie hoch sind seine Gebührensätze für Beratung, Bilanzerstellung usw.?
- Betreut er auch andere Firmen aus Ihrer Branche? Dies kann für Sie von Vorteil sein, wenn es um branchenspezifische Abschreibungsmodelle, Förderungsprogramme oder Subventionen geht.

Hier nun eine kurze Übersicht über die verschiedenen Steuerarten, mit denen Sie als Selbstständiger konfrontiert werden.

Umsatzsteuer

Die verschiedenen Steuerarten

Wenn Ihr Unternehmen im vergangenen Jahr einen Umsatz von mehr als DM 25 000 hatte und im laufenden Jahr voraussichtlich die Umsatzgrenze von DM 100 000 überschreitet, werden Sie umsatzsteuerpflichtig. Das heißt für Sie: Auf jede Rechnung, die Sie schreiben, müssen Sie die 16-prozentige Umsatzsteuer (im Volksmund auch „Mehrwertsteuer" genannt) aufschlagen. Der Steuersatz ermäßigt sich bei Produkten wie Lebensmitteln, Bücher oder Zeitungen auf 7 %, bei manchen Berufsgruppen wie z. B. bei Ärzten entfällt er ganz. Diese Steuer, die Sie von Ihren Kunden verlangen, müssen Sie dann je nach Betriebsgröße monatlich, quartalsweise oder jährlich an das Finanzamt abführen.

Vorsteuer

Im Gegenzug dürfen Sie von der Umsatzsteuerschuld die **Vorsteuer** abziehen: Das ist die Umsatzsteuer, die Sie beim Begleichen Ihrer Eingangsrechnungen an Ihre Lieferanten bezahlen. Ist die Umsatzsteuerschuld größer als das Vorsteuerguthaben, müssen Sie die Differenz an das Finanzamt bezahlen, andernfalls zahlt Ihnen das Finanzamt Ihr Guthaben aus. Deshalb empfiehlt es sich auch dann, wenn Sie unter der Umsatzgrenze für die Steuerpflicht liegen, freiwillig eine Umsatzsteuermeldung abzugeben, da am Beginn Ihrer Selbstständigkeit die Investitionen oft größer sind als die Einnahmen – und dann beteiligt sich das Finanzamt zumindest zu einem kleinen Teil an Ihren Aufwendungen. Vorsicht bei Eigenentnahmen: Wenn Sie Waren aus dem Betrieb für private Zwecke entnehmen oder Ihren Firmenwagen zum Teil privat nutzen, stellt dies für das Finanzamt einen steuerpflichtigen Umsatz dar, für den Sie Umsatzsteuer ausweisen müssen.

Einkommensteuer

Wenn Sie Einzelunternehmer sind oder Ihren Betrieb in Form einer ⋆**Personengesellschaft** führen (OHG, KG, GbR), ist Ihr Anteil am Bilanzgewinn des Unternehmens für das Finanzamt gleichzusetzen mit dem erzielten Einkommen. Sind Sie Geschäftsführer einer ⋆**GmbH**, so besteht Ihr einkommensteuerpflichtiger Verdienst aus dem Geschäftsführergehalt und der Gewinnbeteiligung.

Wenn Sie – was im Jahr der Gründung oft der Fall ist – einen steuerlichen Verlust ermitteln, können Sie diesen mit anderen Einkunftsarten (z. B. aus Ihrer Angestelltentätigkeit oder dem Angestelltenentgelt Ihres Ehegatten bei gemeinsamer Veranlagung) verrechnen. Bleibt dann unter dem Strich immer noch Verlust übrig, haben Sie die Möglichkeit des Verlustvortrags oder -rücktrags.

Körperschaftsteuer

Sie gilt für juristische Personen, also für die ***GmbH**, die ***AG** oder die ***Genossenschaft**, da hier nicht die Einkommensteuer angewandt wird. Bemessungsgrundlage ist der in der Bilanz ausgewiesene Gewinn. Die Höhe des Steuersatzes ist davon abhängig, ob der Gewinn im Unternehmen bleibt oder an die Gesellschafter, die Aktionäre oder die Genossen ausgeschüttet wird.

Gewerbesteuer

Jeder, der ein Gewerbe anmeldet und dessen Ertrag DM 48 000 pro Jahr überschreitet, wird von der Kommune zur Kasse gebeten. Ausschlaggebend für die Höhe der Steuer sind die Steuermesszahl, die sich aus dem Gewerbeertrag und dem Gewerbekapital zusammensetzt, und der Hebesatz, mit dem die Gemeinde diese Steuermesszahl multipliziert. Dieser Hebesatz kann je nach Kommune sehr unterschiedlich ausfallen: Je größer die Stadt, desto höher ist in der Regel auch der Hebesatz und damit die Gewerbesteuerbelastung. Bei der Standortwahl kann also auch die Höhe der Gewerbesteuer eine ausschlaggebende Rolle spielen. Freiberufler wie etwa Ärzte, Anwälte, Masseure oder Schriftsteller sind unabhängig von der Höhe ihres Umsatzes von der Gewerbesteuer befreit.

Steuermesszahl und Hebesatz

So bekommen Sie Ihre Kosten in den Griff

Einer der häufigsten Gründe für den Konkurs eines jungen Unternehmens ist die mangelnde Kostenkontrolle, oft in Verbindung mit einer recht ausgabefreudigen Mentalität. In der Absicht, gleich auf den neuesten und modernsten Stand zu kommen, und mit der Gewissheit, dass sämtliche Betriebsausgaben steuerlich absetzbar sind, greift man manchmal auch vorschnell zu und gibt Geld für Produkte und Dienstleistungen aus, die man nicht unbedingt benötigt. Mit kostenbewusstem Verhalten kann man die in der Gründungsphase sowieso schon enge Liquidität entspannen und dazu beitragen, dass der eigene Betrieb so schnell wie möglich Gewinn bringend wirtschaftet.

Kostenbewusst verhalten

Tipps zur effizienten Kostenkontrolle

Hier noch ein paar Tipps zur effizienten Kostenkontrolle:

- Erstellen Sie ein Kostenbudget, in dem Sie sich einen Ausgabenrahmen für den kommenden Monat oder das kommende Quartal setzen.
- Achten Sie darauf, dass in Ihrem Rechnungswesen „zeitnah" gebucht wird, dass also die Einnahmen und Ausgaben des Vormonats spätestens bis zur Mitte des laufenden Monats verbucht sind.
- Die meisten Buchhaltungsprogramme für den PC enthalten die Option, auf der Basis der verbuchten Geschäftsvorfälle eine so genannte „Betriebswirtschaftliche Auswertung" zu erstellen. Hier können Sie Ihre Kosten- und Ertragssituation unter verschiedenen Gesichtspunkten darstellen.
- Anhand der betriebswirtschaftlichen Auswertungen können Sie gemeinsam mit Ihrem Steuerberater oder Ihrer Bank Ertrags- und Rentabilitätsvergleiche mit den Durchschnittsergebnissen anderer Unternehmen Ihrer Branche erstellen. Damit können Sie auch Ihre eigene Konkurrenzfähigkeit überprüfen.
- Wenn Ihr Steuerberater für Sie die Auswertungen durchführt, bestehen Sie darauf, dass er Ihnen die einzelnen Punkte in verständlicher Sprache erläutert und Ihnen nicht kommentarlos Fachbegriffe wie ***Cashflow**, ***Return on investment** oder ***Break-even-point** an den Kopf wirft.
- Prüfen Sie Ihre Investitionsvorhaben daraufhin, ob sie vorwiegend produktiven Zwecken dienen (z. B. der Kauf einer Fräsmaschine oder eines Computers) oder ob sie eher für repräsentative Zwecke bestimmt sind (z. B. Anschaffung von Einrichtungsgegenständen oder des Firmenwagens für den Inhaber). Im Zweifelsfall sollte natürlich die Produktion den Vorrang vor der Repräsentation haben.

Wenn Sie die kaufmännischen Tätigkeiten in Ihrem Unternehmen nicht selbst durchführen, sollten Sie sich die Auswertungen von Aufwendungen und Erträgen auf jeden Fall monatlich vorlegen lassen. So können Sie vermeiden, dass Sie bei einem drastischen Anstieg der Kosten nicht mehr rechtzeitig gegensteuern können.

Zeit sparen mit Organisation

Als Selbstständiger sind Sie um einiges stärker belastet als ein Arbeitnehmer, der einen mehr oder weniger geregelten Tag hat und dessen Verantwortungsbereich sich nur auf den Teil des Unternehmens beschränkt, für den er zuständig ist. Wenn Sie selbstständig sind, dann haben Sie keine Urlaubs- oder Krankheitsvertretung, dann werden Ihre Entscheidungen nicht nochmals von Kollegen oder Vorgesetzten hinterfragt, es macht Sie kein Kollege auf einen Fehler aufmerksam und Sie können niemanden außer sich selbst für eine Fehlentscheidung verantwortlich machen. Sie sind für alle Bereiche Ihres Unternehmens zuständig und wenn Sie es nicht schaffen, für sich selbst ein zuverlässiges Informations- und Organisationssystem aufzubauen, werden Sie wichtige Absprachen vergessen, Termine verpassen und wichtige Informationen werden Ihnen entgehen. Deshalb ist es unerlässlich, für die einzelnen Bereiche des Unternehmens ein System aufzubauen, in dem jede Information zu jeder Zeit wieder abrufbar ist. Dies kann zum Teil manuell mithilfe von Ordnern, Mappen und Karteikästen oder auch mit eigens für solche Zwecke konzipierten PC-Programmen geschehen.

Einkauf

Wenn Sie etwas bestellen, ist es ratsam, dies nur schriftlich oder per Telefax zu tun. Diese Vorgehensweise hat mehrere Vorteile:

Bestellungen nur schriftlich oder per Fax

- Mündlich vereinbarte Absprachen werden so nochmals schriftlich bestätigt und haben im Zweifelsfall eine hohe Beweiskraft.
- Ihrem Geschäftspartner liegt ein schriftliches Dokument vor – damit ist die Gefahr des „Verschüttgehens“ weitaus geringer als bei telefonischen Bestellungen.
- Eine Kopie der Bestellung behalten Sie. Diese können Sie zur Terminüberwachung und zur Wareneingangskontrolle wieder heranziehen.

Beim Eintreffen der Ware sollten Sie diese umgehend prüfen und den Lieferschein mit einem Freigabevermerk kennzeichnen. Sie können ihn dann in einer Zwischenablage bis zum Eintreffen der Rechnung aufbewahren, die Sie dann anhand des Lieferscheins kontrollieren und zur Zahlung freigeben.

Angebotswesen

Auch Angebote sollten Sie nach Möglichkeit nur in schriftlicher Form abgeben. Ein praktisches Hilfsmittel hierbei ist eine Terminmappe, in der Sie Ihre Angebotskopie zur Wiedervorlage einsortieren. Wenn Sie dann beim Kunden nachfassen, erfahren Sie auch bei Ablehnung Ihres Angebots die Gründe (Preis zu hoch, Lieferzeit zu lang etc.), die Sie zur späteren Auswertung darauf notieren sollten. Bevor Sie das Angebot endgültig ablegen, vergessen Sie bitte nicht, die Adresse des Interessenten in Ihre Datenbank für die Direktwerbung aufzunehmen, damit Sie den Kontakt weiter pflegen können.

Auftragsbearbeitung

Ihre Auftragsbearbeitung sollten Sie so organisieren, dass Sie auf einen Blick sehen, ob der Auftrag noch nicht begonnen wurde, ob er in Bearbeitung oder bereits erledigt ist. Es kann nützlich sein, für die Bearbeitung eingegangener Aufträge eine Checkliste zu erstellen, die beispielsweise folgende Punkte enthalten könnte:

Checkliste zur Bearbeitung eingegangener Aufträge

- Kann der Auftrag zum vom Kunden geforderten Preis durchgeführt werden?
- Liegen alle notwendigen Unterlagen (z. B. Zeichnungen oder Muster) vor?
- Kann der vom Kunden gewünschte Liefertermin eingehalten werden?
- Sind alle notwendigen Materialien zur Bearbeitung des Auftrags am Lager oder muss noch etwas bestellt werden?
- Wünscht der Kunde eine Auftragsbestätigung?

Terminplanung

Vor allem dann, wenn Sie Aufträge größeren Umfangs durchzuführen haben (z. B. als Handwerker in der Baubranche oder als Maschinen- und Anlagenbauer), ist eine exakte Terminplanung geradezu überlebenswichtig. Vom einfachen Wandplaner im Großformat bis zum ausgefeilten Computerprogramm mit Kapazitätsberechnung für Ihren Maschinenpark stehen Ihnen viele unterschiedliche Möglichkeiten zur Überwachung Ihrer Termine zur Verfügung. Was letztendlich für Sie das Richtige ist, hängt vor allem von der Größe Ihres Betriebs und vom Umfang Ihrer Aufträge ab.

Archivierung

Alle Daten und Belege – sei es von Kunden, Lieferanten oder aus der Buchhaltung – sollten Sie so aufbewahren, dass Sie sie mit möglichst wenig Zeitaufwand wieder finden können. Besonders aufmerksam müssen Sie mit Belegen umgehen, die die Buchhaltung betreffen, wie beispielsweise Rechnungen, Quittungen oder Bilanzen. Hier gilt eine gesetzliche Aufbewahrungsfrist von zehn Jahren. Die sorgfältige Archivierung sollte für Sie kein notwendiges Übel sein, denn sie hat auch ihre nützlichen Seiten: Wenn es darum geht, einen Vorgang nachzuvollziehen, können Sie dadurch viel Zeit bei der Suche sparen.

Gesetzliche Aufbewahrungsfrist beachten

So sichern Sie Ihre Forderungen

Der erste Schritt zur Vermeidung von Forderungsausfällen ist einfach: Lassen Sie zwischen dem Zeitpunkt der Auslieferung und der Rechnungsstellung nicht unnötig Zeit verstreichen. Wenn noch Preise oder Konditionen zu klären sind, sollten Sie diese Aufgaben – auch wenn sie Ihnen vielleicht unangenehm sind – nicht vor sich herschieben, denn gerade bei Unklarheiten erliegt der Kunde gerne der Versuchung, die Rechnung zunächst einmal liegen zu lassen. Es soll tatsächlich Unternehmen geben (vor allem Handwerksbetriebe aus der Baubranche), die ihre Rechungen erst ein paar Monate nach der Ausführung der Leistung stellen.

Die Notwendigkeit, Rechnungen ohne Verzögerung auszustellen, hat zwei Gründe:

Rechnungen sofort ausstellen

1. Wenn Sie eine Leistung erbracht, jedoch noch keine Rechnung geschrieben haben, müssen Sie dies finanziell schon als offene Forderung bewerten, da Sie ja mit Ihrer Arbeit, den Rohstoffen und den sonstigen Kosten bereits in Vorleistung getreten sind. Und je höher Ihre offenen Forderungen sind, desto höher ist auch das Ausfallrisiko.
2. Jeder Tag, den Sie mit dem Ausstellen einer Rechnung zögern, kostet Sie durch den Zinsausfall bares Geld – denn dadurch schaffen Sie es vielleicht nicht, Ihr Girokonto ins Haben zu bringen oder einen Kredit vorzeitig zurückzuzahlen. Ein Rechenbeispiel: Bei einem Jahresumsatz von DM 2 000 000, einem Zinssatz von 10 % und einer durchschnittlichen Verzögerung bei

der Rechnungserstellung von 20 Tagen entsteht ein Zinsverlust von mehr als DM 11 000 pro Jahr. Nicht eingerechnet wurde hier der zusätzliche Arbeitsaufwand, der dadurch entsteht, dass man zurückliegende Vorgänge mühsam nachvollziehen muss.

Wie können Sie nun Ihren Kunden motivieren, möglichst schnell zu bezahlen? Ein wirksames Mittel ist das Einräumen eines Skontos, wie zum Beispiel in Form folgender Zahlungsbedingung: „Rechnung zahlbar innerhalb 10 Tagen mit 3 % Skonto, innerhalb 30 Tagen ohne Abzug“. Den Skontobetrag berücksichtigen Sie natürlich schon im Voraus bei Ihrer Kalkulation, sodass – aus Ihrer Sicht gesehen – derjenige einen Zuschlag von 3 % bezahlt, der seine Rechnung erst nach 30 Tagen begleicht.

Um sich einen möglichst genauen Überblick über den aktuellen Stand Ihrer offenen Forderungen verschaffen zu können, ist es notwendig, dass Ihre Buchhaltung immer auf dem Laufenden ist. Ist dies nicht der Fall, müssen Sie entweder manuell ein gesondertes Rechnungsbuch führen, in das Sie jede Rechnung und jede Zahlung eintragen, oder Sie müssen in mühevoller Kleinarbeit Ihre Kontoauszüge durchforsten, um festzustellen, ob eine Rechnung bezahlt ist oder noch nicht. Etwa alle zwei bis vier Wochen sollten Sie Ihre überfälligen Außenstände durchgehen und prüfen, ob eine Mahnung geschrieben werden muss. Wenn Sie mit einem professionellen Buchhaltungsprogramm arbeiten, kann dieses für Sie bereits eine Auswahl der zu mahnenden Kunden treffen. Beim Mahnen gilt die Faustregel, dass Sie nach dem Tag der Fälligkeit mit der ersten Mahnung mindestens eine Woche warten sollten, da dank der Gemächlichkeit des deutschen Bankensystems eine Zahlung durchaus ein paar Tage unterwegs sein kann. Beim Formulieren der Mahnungen gelten folgende Grundsätze:

Grundsätze beim Schreiben von Mahnungen

Die **1. Mahnung** sollte in sehr höflichem Ton gehalten und als „Zahlungserinnerung“ bezeichnet werden, da es ja auch vorkommen kann, dass Ihr Kunde aus irgendwelchen Gründen Ihre Rechnung nicht erhalten hat. Am Schluss sollten Sie ihn bitten, Ihre Rechnung innerhalb einer Woche zu begleichen.

Auch bei der **2. Mahnung** ist Höflichkeit angebracht, doch der Ton darf ruhig bestimmter sein als bei der ersten Mahnung, denn dass Ihr Kunde sowohl Ihre Rechnung als auch die erste Mahnung nicht erhalten hat, ist eher unwahrscheinlich.

Bei der **3. Mahnung** geht es zur Sache. Weisen Sie Ihren Kunden darauf hin, dass Sie ihn bereits zweimal erfolglos gemahnt haben, setzen Sie ihm eine letzte Frist von einer Woche und kündigen Sie an, im Falle des Verzugs gerichtliche Schritte einzuleiten. Das dürfte säumige Zahler beeindrucken.

Dann gibt es noch die ganz speziellen Kunden, die sich auch nach der dritten Mahnung in Schweigen hüllen. Jetzt sind Sie im Zugzwang, denn Sie haben ja dem säumigen Zahler rechtliche Konsequenzen angedroht. Was können Sie nun tun, um trotzdem noch Ihr Geld zu erhalten? Das hängt davon ab, welcher Gruppe Ihr Schuldner angehört: Der Gruppe derjenigen, die nicht bezahlen können, oder derjenigen, die nicht bezahlen wollen. Das können Sie mit einem Anruf schnell herausfinden, denn die, die knapp bei Kasse sind, legen dann die Karten meist auf den Tisch.

Wenn der Kunde nicht zahlen kann

Wenn Ihr säumiger Kunde in Liquiditätsschwierigkeiten ist, empfiehlt es sich meist, nicht gleich den Rechtsweg mit * **Mahnbescheid**, **Pfändung** und **Konkursverfahren** einzuschlagen, sondern ihm mit einer teilweisen Stundung seiner Schulden oder einer Ratenzahlung die Möglichkeit zu bieten, seine Verbindlichkeiten „abzustottern". Der Grund: Wenn Sie den säumigen Zahler unnachgiebig in den Konkurs treiben, erhalten Sie – wenn Sie Glück haben – vielleicht zehn Prozent Ihrer ursprünglichen Forderung aus der Konkursmasse. Auch wenn Sie auf dem außergerichtlichen Weg nur noch die Hälfte des Rechnungsbetrages bekommen, sind Sie dann immer noch vergleichsweise besser bedient.

Wenn der Kunde nicht zahlen will

Anders liegt der Fall dann, wenn Ihr Kunde zahlen könnte, aber nicht will. Das merken Sie dann, wenn plötzlich nach der dritten Mahnung ominöse Mängel reklamiert oder Vereinbarungen infrage gestellt werden. Hier sollten Sie zunächst nochmals prüfen, ob Ihre Forderung in allen Punkten berechtigt ist (Einhaltung von Preisabsprachen, Lieferterminen und Ausführung). Ist dies der Fall, lohnt sich auf jeden Fall der Gang zum Rechtsanwalt, der gemeinsam mit Ihnen die weiteren Schritte in Form von Mahnbescheid und Pfändung veranlasst und Sie auch bei einem eventuell notwendigen Gerichtsverfahren vertritt. Wenn der Prozess für Sie erfolgreich ausgeht, haben Sie Ihrem Prozessgegner gegenüber Anspruch auf vollen Forderungsausgleich sowie auf den Ersatz von Verzugszinsen, Anwalts- und Gerichtskosten.

Weitere Möglichkeiten zur Sicherung von Forderungen

Einholen von Auskünften

Wenn ein Kunde mit Ihnen Geschäfte machen will, haben Sie die Möglichkeit, eine Auskunft über seine finanzielle Situation einzuholen. Für solche Dienstleistungen stehen Ihnen vor allem Banken, aber auch private Auskunfteien wie z. B. Creditreform oder ähnliche Anbieter zur Verfügung. Doch Vorsicht: Die Auskünfte sind meist sehr allgemein gehalten und können ein gewisses Restrisiko nicht ausschließen.

Factoring

Der Factor: in der Regel ein Kreditinstitut

Dies ist eine zwar relativ teure, aber dafür recht bequeme Möglichkeit, das Ausfallrisiko bei Forderungen loszuwerden. Bei diesem Verfahren übernimmt der Factor (in der Regel ein Kreditinstitut) Ihre Forderung und behält dabei für seine Finanzierungskosten und das Ausfallrisiko einen pauschalen Abschlag. Sie erhalten Ihr Geld also nicht von Ihrem Kunden, sondern nach dem Versand der Rechnung vom Factor, bei dem wiederum Ihr Kunde seine Verbindlichkeiten zu begleichen hat. Oft bieten Factoringfirmen auch Zusatzleistungen wie beispielsweise die Führung der Buchhaltung mit an. Der Vorteil des Factoring liegt in der bequemen Abwicklung und im Liquiditätsvorteil, da der Factor den Rechnungsbetrag sofort an Sie auszahlt. Der Nachteil liegt darin, dass Sie keinen Einfluss auf die Überwachung der Zahlungen und das Mahnwesen haben: Dem Factor geht es nur darum, das vorfinanzierte Geld möglichst schnell wieder hereinzubekommen, und entsprechend schnell und barsch mahnt er dann auch. Deshalb sollten Sie für das Mahnwesen mit dem Factor eine Sondervereinbarung treffen, um nicht Gefahr zu laufen, dass Sie Ihre Kunden wegen ein paar Tagen Verzögerung beim Zahlungseingang verärgern.

Kreditversicherung

Der Abschluss einer Kreditversicherung kann dann interessant sein, wenn Ihr Unternehmen Großaufträge aus dem Ausland erhält. Die Konditionen sind je nach Auftragsvolumen, Abnehmer und Exportland unterschiedlich; detaillierte Auskünfte erhalten Sie bei Ihrer Industrie- und Handelskammer.

Welche Versicherungen sind für Ihren Betrieb sinnvoll?

Beim Umgang mit Versicherungsgesellschaften gibt es ein grundlegendes Problem: Immer dann, wenn man glaubt, sie müssten zahlen, dann tun sie es nicht. Deshalb sollten Sie zuerst selbst kritisch prüfen, welches Risiko für Ihren Betrieb so groß ist, dass Sie es absichern müssen. Sprechen Sie hierüber ruhig mit befreundeten Unternehmern oder mit Ihren Ansprechpartnern bei der Industrie- und Handelskammer, der Innung oder der Handwerkskammer. Hier nun in Kürze die gebräuchlichsten Versicherungsformen.

Die gebräuchlichsten Versicherungsformen

Gebäudeversicherung

Wenn das Betriebsgebäude Ihr Eigentum ist, sollte es gegen Schäden durch Brand und Blitzschlag abgesichert sein. Weitere Optionen der Gebäudeversicherung sind die Hochwasser-, Hagel- und Sturmversicherung. Doch Vorsicht: Gerade dort, wo Sie es am nötigsten brauchen – in den hochwassergefährdeten Gebieten – ist eine Hochwasserversicherung entweder so teuer, dass Sie das Risiko doch wieder selbst tragen könnten, oder sie wird von der Versicherungsgesellschaft von vornherein abgelehnt.

Betriebshaftpflichtversicherung

Sie leistet dann, wenn ein Dritter in Ihrem Betrieb einen Schaden erleidet, z. B. wenn ein Kunde bei einer Betriebsbesichtigung ausrutscht und sich ein Bein bricht. Aber auch hier sind längst nicht alle Risiken abgedeckt, die man gerne versichern würde. Deshalb ist ein kritischer Leistungsvergleich immer empfehlenswert.

Rechtsschutzversicherung

Sie übernimmt die Anwalt- und Gerichtskosten, wenn Ihr Betrieb in einen Gerichtsprozess verwickelt ist. Arbeitsrechtliche Streitigkeiten – die den Hauptanteil betrieblicher Prozesse ausmachen – sind grundsätzlich nicht versichert und bei anderen Streitfällen übernimmt die Versicherung die Kosten nur dann, wenn Ihre Partei nachweislich die Aussicht hat, den Prozess zu gewinnen. Doch in diesem Fall erstattet Ihre Auslagen sowieso der Prozessgegner.

Betriebsunterbrechungsversicherung

Sie übernimmt bis zur Wiederaufnahme des Betriebs Ihre laufenden Kosten, wenn Sie aufgrund höherer Gewalt (Feuer, Hochwasser etc.) den Betrieb für einige Zeit schließen müssen. Bevor Sie einen Vertrag abschließen, sollten Sie sich genau erläutern lassen, in welchen Fällen diese Versicherung tatsächlich einspringt und welche Kosten sie übernimmt. Nur so können Sie unliebsame Überraschungen von vornherein ausschließen.

Produkthaftpflichtversicherung

Erleidet der Benutzer Ihres Produktes wegen Material- oder Konstruktionsfehlern einen Schaden und kann er deshalb Ansprüche gegen Sie geltend machen, dann können Sie dieses Risiko mit einer Produkthaftpflichtversicherung abdecken. Sie kann notwendig sein, wenn Sie Bauteile für technische Gebrauchsgüter – z. B. Autos oder Elektrogeräte – herstellen. Denken Sie an die Rückrufaktionen, die von der Automobilindustrie bei Sicherheitsmängeln durchgeführt werden. Ein großer Teil der dabei entstehenden Kosten wird auf den jeweiligen Zulieferer abgewälzt. Aber nicht immer springt diese Versicherung ein.

Vor Versicherungsabschlüssen genaue Informationen einholen

Informieren Sie sich deshalb rechtzeitig vor dem Abschluss, welche Risiken und Kosten durch die Produkthaftpflichtversicherung abgedeckt sind.

Maschinenversicherung

Sie tritt für Schäden ein, die durch unsachgemäße Bedienung Ihrer Maschinen verursacht werden. Doch auch hier gilt: Erkundigen Sie sich aufs Genaueste, wann diese Versicherung bezahlt und wann nicht.

Berufsunfähigkeitsversicherung

Sie zahlt eine vorher vereinbarte Summe, wenn der Versicherte durch Unfall oder Krankheit seinen Beruf nicht mehr ausüben kann. Die Notwendigkeit einer solchen Police hängt vor allem davon ab, in welchem Beruf Sie sich selbstständig gemacht haben. Während für einen Berufsmusiker beispielsweise der Verlust eines Fingers schon das berufliche Aus bedeuten kann, wird ein Schriftsteller dann nur in den allerseltensten Fällen seinen Beruf nicht mehr ausüben können.

Einbruchversicherung

Sie leistet dann Entschädigung, wenn Ihnen durch Einbruch oder Vandalismus Schäden entstanden sind. Voraussetzung ist allerdings, dass Sie Ihre Betriebsräume mit Sicherheitsschlössern, mit einer Alarmanlage und einbruchsicheren Fenstern etc. einbruchhemmend ausrüsten. Denn sonst wird diese Versicherungsform entweder unverhältnismäßig teuer oder Ihr Antrag wird abgelehnt. Und wenn tatsächlich der Schadensfall eintritt, müssen Sie ohnehin nachweisen, dass Sie die Türen und Fenster abgeschlossen haben und die Alarmanlage in Betrieb war.

Bevor Sie eine Versicherung abschließen ...

Existenzgründer sind beliebte „Opfer" der Versicherungsvertreter, denn sie sind unerfahren und lassen sich oft mit angeblich günstigen „Rundum-Verträgen" Versicherungen aufschwatzen, die sie eigentlich überhaupt nicht benötigen.

Deshalb sollten Sie beim Umgang mit Versicherungsvertretern die folgenden Punkte beachten:

Beim Umgang mit Versicherungsvertretern zu beachten

- Lassen Sie sich von mehreren Versicherungsgesellschaften ein schriftliches Angebot ausarbeiten, in dem detailliert steht, in welchem Zeitraum, in welcher Höhe und zu welchem Preis das angefragte Risiko abgesichert ist.
- Handeln Sie Nachlässe für den Ausschluss von Risiken aus, die zwar im Angebot enthalten, für Ihren Betrieb jedoch nicht relevant sind.
- Lassen Sie sich keine Angst machen: Jeder Versicherungsvertreter behauptet, er kenne jemanden, dessen Betrieb vor kurzem abgebrannt sei, der wegen Schadenersatzansprüchen Pleite ging oder der durch einen Einbruch ein Vermögen verloren hat. Das ist die übliche Verkaufstaktik, die Sie nicht verunsichern sollte.
- Beachten Sie alles, was im Kleingedruckten steht, denn hier können Sie unter anderem lesen, wann die Versicherung nicht zahlt.
- Schließen Sie keine langfristigen Verträge ab. Ein bis maximal zwei Jahre Laufzeit sind völlig ausreichend, denn sonst sind Sie bei der Prämienentwicklung der Willkür der Versicherer ausgeliefert. So können Sie auch in regelmäßigen Abständen Vergleichsangebote einholen und bei Bedarf die Versicherungsgesellschaft wechseln.

Vergessen Sie die Vorsorge nicht

Was Sie bisher als Arbeitnehmer lediglich an den Abzügen auf der Lohnabrechnung zu spüren bekommen haben, wird nun für Sie als Selbstständigem zur konkreten finanziellen Abgabe: Ihre Vorsorgeleistung in Form von Kranken-, Pflege- und Rentenversicherung.

Zu Beginn Mindestabsicherung einkalkulieren

Für den Anfang Ihrer Selbstständigkeit sollten Sie zumindest eine Mindestabsicherung einkalkulieren, die Ihnen ein gewisses Maß an Sicherheit bietet, ohne ein allzu großes Loch in Ihren ohnehin schon schmalen Geldbeutel zu reißen.

Wenn Sie eine selbstständige Existenz gründen, bekommen natürlich sämtliche Versicherungsvertreter diese Information – über Banken, Innungen, Industrie- und Handelskammern oder Berufsverbände – und stehen vor Ihrer Haustür Schlange, denn sie wollen selbstverständlich nur Ihr Bestes: nämlich Ihr Geld. Sie rechnen Ihnen Rentenmodelle aus und schildern Ihnen die Vorzüge der privaten Krankenkassen in den schillerndsten Farben. Doch trotz der Bedeutung einer persönlichen Vorsorge sollten Sie sich zunächst überlegen: Wie viel Geld kann ich in den ersten Monaten und Jahren meiner Selbstständigkeit für Krankenversicherung und Altersvorsorge aufwenden? Da muss es ja nicht gleich die private Luxus-Krankenversicherung mit Einzelzimmeranspruch, Chefarztbehandlung und voller Kostenübernahme für Designer-Brillengestelle sein oder die Rundum-Lebensversicherung, die verspricht, Sie mit 55 Jahren zum Millionär zu machen.

Was ist nötig, was ist Luxus?

Was ist also notwendig, was ist Luxus? Diese Frage müssen Sie für sich selbst beantworten, indem Sie Kosten und Nutzen sorgfältig gegeneinander abwägen.

Die Bausteine der gesetzlichen und privaten Vorsorge setzen sich wie folgt zusammen.

Kranken- und Pflegeversicherung

Bei der Absicherung für den Krankheits- und Pflegefall haben Sie als Selbstständiger in der Regel zwei Möglichkeiten: Entweder Sie können – wenn Sie bisher schon Mitglied einer gesetzlichen Krankenkasse waren – sich weiterhin dort versichern oder Sie wechseln zu einer privaten Krankenkasse.

Gesetzliche Kranken- und Pflegeversicherung

Wenn Sie freiwilliges Mitglied in der gesetzlichen Krankenkasse bleiben, bezahlen Sie je nach Einkommen eine Versicherungsprämie, die der Summe aus Arbeitnehmer- und Arbeitgeberbeitrag entspricht. Dieser Beitrag ist – bei geringeren Leistungen – zwar deutlich höher als der einer vergleichbaren privaten Krankenversicherung, aber Sie haben einen deutlichen Vorteil: Alle Angehörigen, die nicht berufstätig sind, sind bei Ihnen kostenlos mitversichert, und die Höhe der Versicherungsprämie wird weder durch das Eintrittsalter noch durch gesundheitliche Risikofaktoren beeinflusst. Auf Wunsch können Sie auch bei einigen gesetzlichen Krankenkassen eine Krankentagegeldversicherung abschließen, durch die Sie nicht erst nach sechs Wochen Krankheit, sondern schon zu einem früheren Zeitpunkt Anspruch auf Krankengeld haben. Doch diese zusätzliche Leistung ist natürlich auch mit einer zusätzlichen Prämie verbunden.

Kostenlose Mitversicherung aller Angehörigen

Private Kranken- und Pflegeversicherung

Wer kennt Sie nicht, die Werbeaktionen der privaten Krankenkassen, die zu günstigen Beiträgen eine bevorzugte Behandlung im Krankenhaus und großzügige Regelungen bei der Kostenbeteiligung des Patienten an Zahnersatz und Brillengestell und ein Krankenhaustagegeld versprechen. Doch was ist dran an diesen vollmundigen Versprechungen? Zunächst einmal ist festzuhalten, dass die Höhe des monatlichen Beitrags entscheidend vom Eintrittsalter des Versicherungsnehmers abhängt. Das bedeutet, je älter Sie bei Vertragsabschluss sind, desto teurer wird für Sie die private Krankenversicherung. Bevor Sie den Vertrag überhaupt abschließen können, müssen Sie sich von einem Arzt gründlich untersuchen lassen. Hier kann es dann teuer werden, besonders für chronisch Kranke und Allergiker: Jedes gesundheitliche Risiko wird mit einem kräftigen Prämienaufschlag belegt. Die Versicherung der nicht berufstätigen Angehörigen wird gesondert berechnet. Da die Beiträge und Leistungen sehr unterschiedlich sind, ist der kritische Vergleich mehrerer Angebote unerlässlich. Auf jeden Fall sollten Sie sich den Schritt in die private Krankenversicherung gründlich überlegen, denn ein Zurück in die gesetzliche Versicherung gibt es nur in Ausnahmefällen.

Wann eine private Krankenversicherung ratsam ist

Fazit: Der Wechsel in eine private Krankenversicherung ist vor allem denjenigen zu empfehlen, die jung sind, ein hohes Einkommen erwarten und kinderlos bleiben möchten.

Und wer als Mitglied einer gesetzlichen Krankenkasse den Luxus der Privatversicherung nicht missen möchte, kann eine private Zusatzversicherung abschließen, die ihn bei der ärztlichen Behandlung in den Status eines Privatpatienten erhebt.

Rentenversicherung

Die Frage der richtigen Rentenversicherung ist schwer zu beantworten, da sich vor allem bei den gesetzlichen Rententrägern – der Bundesversicherungsanstalt für Angestellte (BfA), den Landesversicherungsanstalten (LVA) u. a. – je nach Konjunktur und Politik die finanzielle Lage ständig ändert. Tendenziell zeichnet sich allerdings ab, dass sich die gesetzliche Altersversorgung zukünftig eher verschlechtern als verbessern wird. Hier ist es durchaus ratsam, einen freiberuflichen Rentenberater (nicht zu verwechseln mit einem Versicherungsvertreter!) zu konsultieren, der die unterschiedlichen Modelle unter neutralen Gesichtspunkten für Sie und Ihre Situation durchrechnet. Auf jeden Fall ist abzusehen, dass allein mit der gesetzlichen Rentenversicherung der Lebensstandard im Ruhestand nicht gehalten werden kann, sodass sich grundsätzlich eine zusätzliche Vorsorge – in welcher Form auch immer – empfiehlt.

Die Künstlersozialkasse

Dass die Kunst oft ein brotloses Geschäft ist, haben glücklicherweise auch die Träger der gesetzlichen Sozialversicherung erkannt und die Künstlersozialkasse (KSK) ins Leben gerufen. Damit haben alle, die in einem künstlerischen Beruf selbstständig sind, das Recht, zu besonderen Konditionen in der gesetzlichen Sozialversicherung zu bleiben. Bei der Abrechnung der Kranken-, Renten- und Pflegeversicherung werden sie wie Arbeitnehmer behandelt, den Arbeitgeberanteil bezahlen die Medienverbände und der Staat. Grundlage für die Berechnung ist das voraussichtliche Jahreseinkommen, das jeweils im Vorjahr als Schätzung an die Künstlersozialkasse gemeldet werden muss.

Der Einstieg ist allerdings nicht einfach: Beim Aufnahmeantrag müssen Sie anhand von Rechnungskopien oder Arbeitsproben nachweisen, dass Sie tatsächlich einer von der KSK anerkannten Tätigkeit nachgehen.

Grundsätzlich werden Freiberufler in den Bereichen Musik (Musiker, Komponisten etc.), Darstellende Kunst (Tänzer, Schauspieler, Regisseure etc.), Bildende Kunst (Maler, Bildhauer etc.) und Wort (Journalisten, Schriftsteller, PR-Texter etc.) aufgenommen. Informationen über die Aufnahmekriterien und Versicherungsleistungen gibt es bei der Landesversicherungsanstalt Oldenburg-Bremen, Künstlersozialkasse, Langeoogstr. 12, 26384 Wilhelmshaven, Telefon (0 44 21) 30 80.

Private Altersvorsorge

In welcher Form auch immer Sie Ihre private Altersvorsorge gestalten – auf keinen Fall sollten Sie alles auf eine Karte setzen. Denn das kann zwar im Idealfall eine tolle Rendite bringen, doch wenn die Strategie nicht aufgeht, könnte eine riskante Spekulation unter Umständen Ihr über Jahre angespartes Kapital plötzlich zunichte machen.

Mischung aus Risiko und Sicherheit sinnvoll

Wichtig ist daher eine sinnvolle Mischung aus Risiko und Sicherheit. Welche Merkmale die einzelnen Anlageformen aufweisen, ist in der folgenden Auflistung in wesentlichen Punkten dargestellt.

Merkmale der einzelnen Anlageformen

Aktienfonds: Damit lässt sich langfristig eine sehr gute Rendite erzielen, kurzfristig sind jedoch auch Verluste durch Kurseinbrüche möglich. Das Risiko hängt im Einzelfall von der Anlagepolitik des jeweiligen Fondsmanagements ab – ein Fonds, der überwiegend in Schwellenländern investiert, hat ein höheres Risiko als ein Fonds mit europäischen Standardaktien. Diese Anlageform ist vor allem für das langfristige Ansparen gut geeignet, ab dem 50. Lebensjahr sollte der Anteil an Aktienfonds im Vermögen jedoch nach und nach auf die stabileren Rentenfonds umgeschichtet werden, bis die Aktien maximal ein Drittel des Vermögens ausmachen.

AS-Fonds: Das sind Investmentfonds, die als Altersvorsorge-Sondervermögen (daher das Kürzel „AS") speziell für das spätere Aufbessern der persönlichen Rente konzipiert sind. Schwerpunkt der Anlage sind zunächst Aktien, mit fortschreitendem Lebensalter verlagert sich der Schwerpunkt nach und nach auf weniger schwankungsanfällige Anleihen- und Immobilienfondsanteile.

Vorsicht Steuerfalle!

Rentenfonds oder Bundesschatzbriefe: Eine sehr sichere Anlageform, deren Rendite jedoch deutlich unter der eines guten Aktienfonds liegt. Sie eignet sich als „sichere Ergänzung", die mit zunehmendem Alter deutlich ausgebaut werden sollte. Vorsicht Steuerfalle: Achten Sie darauf, dass Sie bei ausgeschöpftem Sparerfreibetrag auf steueroptimierte Anlagen wie Aktienfonds oder offene Immobilienfonds ausweichen.

Offene Immobilienfonds: Diese Investmentfonds legen das Geld ihrer Anleger in Immobilien an. Sie bieten zwar keine berauschende Rendite, doch der Ertrag ist zum Teil steuerfrei, und die Wertentwicklung ist in der Regel sehr konstant. Sie sind ab dem Rentenbeginn für sicherheitsorientierte Anleger gut geeignet.

Geschlossene Immobilienfonds: Das sind die berüchtigten „Steuersparmodelle", die oft auch am grauen oder sogar schwarzen Finanzmarkt verkauft werden. Im Gegensatz zu offenen Immobilienfonds unterliegen sie keiner staatlichen Kontrolle und entsprechend häufig sind daher auch die schwarzen Schafe. Die meisten Fonds sind langfristig nicht attraktiv und deshalb sollten Sie besser andere Möglichkeiten der privaten Altersvorsorge nutzen.

Kapitallebensversicherung: Sie verknüpft die Absicherung der Hinterbliebenen im Todesfall mit der Altersvorsorge. Wer seine Angehörigen absichern will, kann den Vertrag bis etwa zum 40. Lebensjahr als Ergänzung der Vorsorge abschließen. Wer älter ist, sollte keine Kapitallebensversicherung mehr unterschreiben, da dann die Beiträge im Vergleich zur erwarteten Auszahlung zu hoch sind. Die Alternative für Risikofreudigere: eine Risikolebensversicherung plus Investment-Sparvertrag.

Private Rentenversicherung: Sie wird meistens von den Lebensversicherungen mit angeboten und garantiert die lebenslange Auszahlung einer festen Monatsrente. Sie ist als Alternative zur Kapitallebensversicherung ab dem 40. Lebensjahr geeignet, da sie auch kurz vor Rentenbeginn als „Sofortrente" abgeschlossen werden kann. Doch mit dieser Monatsrente sollte maximal die finanzielle Grundversorgung abgedeckt werden, da die Rendite (je nach Lebenserwartung) nicht sehr hoch ist.

Selbstgenutzte Immobilie: Wer es sich leisten kann, ist mit dem eigenen Haus oder der eigenen Wohnung im Alter gut bedient. Wenn die Kreditraten abgezahlt sind, lässt es sich kostenlos und ohne Angst vor Mieterhöhungen wohnen. Deshalb zählt das selbstgenutzte Immobilieneigentum neben den Investmentsparplänen unterm Strich zu den lukrativsten Formen der Altersvorsorge – und die eigene Immobilie ist überdies immun gegen Kursschwankungen an der Börse.

Eine der lukrativsten Formen der Altersvorsorge

Die Bausteine für die private Altersvorsorge

Anlageform	*Lebensalter*				
	20–30	*30–40*	*40–50*	*50–60*	*ab 65*
Aktienfonds	+	+	+	O	O
AS-Fonds	+	+	+	O	–
Rentenfonds, Bundesschatzbriefe	–	–	O	O	+
Offene Immobilienfonds	–	–	–	O	+
Geschlossene Immobilienfonds	–	–	–	–	–
Kapitallebens-versicherung	O	O	–	–	–
Private Renten-versicherung	–	–	O	+	+
Selbstgenutzte Immobilie	O	+	+	+	+

(+ = gut geeignet, O = bedingt geeignet, – = ungeeignet)

Glossar

Abschreibung
„Buchmäßige" Erfassung des Wertverlustes, z. B. einer Schreibmaschine. Überhöhte Abschreibungen erlauben die Bildung von * **stillen Reserven**, indem z. B. der Wert der Schreibmaschine in Wirklichkeit höher ist, als er im „Buch" steht und man noch einige Zeit auf einem „buchmäßig" gar nicht mehr vorhandenen Gerät schreibt.

Aktiva
Vermögenswerte eines Unternehmens. Sie bilden betriebswirtschaftlich den linken Teil der Bilanz (Soll-Seite) und stehen den Passiva auf der rechten Seite gegenüber. Die Aktiva werden unterteilt in * **Anlagevermögen** und * **Umlaufvermögen**.

Amerikanisches Journal
Buchführungssystem im Rahmen der * **doppelten Buchführung**. Jeder Geschäftsvorgang wird auf Konto und Gegenkonto gebucht, wobei die Konten neben der Betragsspalte tabellenartig nebeneinander stehen.

Anfangsverluste
Für die Anfangsphase einer Gründung typische Verluste durch hohe Kosten und (noch) geringe Erlöse.

Anlagevermögen
Dauerhaft im Betrieb verbleibender Vermögensteil mit einer Nutzungsdauer von mehr als einem Jahr, z. B. Maschinen, Beteiligungen und Gebäude.

Auffanggesellschaft
Fortführungsgesellschaft bei in Konkurs gegangenen Unternehmen. Im Gegensatz zur * **Betriebsübernahmegesellschaft** ist sie

zeitlich begrenzt und verwandelt sich hinterher in eine Betriebsübernahmegesellschaft oder wird mit der alten Sanierungsunternehmung verschmolzen. Eine Auffanggesellschaft dient lediglich dem Zweck, die ungewissen Sanierungschancen des alten Unternehmenskörpers zu wahren, ohne die Risiken und Schulden zu übernehmen. Sie ist für größere Unternehmen geeignet, wenn es darum geht, im Rahmen der Sanierung Zeit zu gewinnen.

Ausfallbürgschaft

Bei der Ausfallbürgschaft hat der Bürge gegenüber dem Gläubiger die Einrede der Vorausklage, d. h. er ist erst dann zur Zahlung verpflichtet, wenn der Gläubiger den Schuldner erfolglos verklagt hat. Bei risikoreichen Exportgeschäften werden Ausfallbürgschaften vom Bund übernommen.

Berufsgenossenschaft

Ein Betrieb muss innerhalb einer Woche nach der Eröffnung bei der fachlich zuständigen Berufsgenossenschaft (BG), die Träger der gesetzlichen Unfallversicherung ist, angemeldet werden. Dies gilt auch, wenn keine weiteren Arbeitnehmer beschäftigt werden, da in manchen Branchen auch für den Unternehmer selbst eine Versicherungspflicht besteht.

Betrieb

Wirtschaftliche und technische Produktionseinheit, also das notwendige wirtschaftlich-technische Mittel für den Erfolg des * **Unternehmens**.

Betriebsminimum

Wenn die Verkaufserlöse bei rückläufiger Beschäftigung unter die variablen Kosten sinken, lohnt sich die Weiterproduktion nicht mehr, denn die Stilllegung des Betriebs kostet unterhalb dieses Beschäftigungsgrades weniger als die Fortsetzung der Produktion. Während bei einer Stilllegung nämlich nur die fixen Kosten ungedeckt sind, kommt bei einer Weiterführung noch ein Teil der variablen Kosten hinzu, der nicht mehr im Verkaufspreis ersetzt wird. Das Betriebsminimum ist also die Preisuntergrenze, bis zu der man im härtesten Konkurrenzkampf vorübergehend heruntergehen kann.

Betriebsmittelkredit
Überziehungskredit für den Betrieb.

Betriebsoptimum
Beschäftigungsgrad, bei dem der Betrieb das Gewinnmaximum erreicht.

Betriebsstoffe
Für die Produktion benötigte Stoffe, die aber nicht im Produkt enthalten sind.

Betriebsübernahmegesellschaft
Fortführungsgesellschaft bei einem in Konkurs geratenen Unternehmen, wobei nach Eröffnung des Konkursverfahrens Anlage- und Umlaufvermögen des Unternehmens erworben werden, nicht aber dessen Schulden.

Betriebsvergleichsergebnisse
Auf Bilanzen, Gewinn-und-Verlust-Rechnungen und Betriebsstatistiken beruhende Leistungswerte vergleichbarer gewerblicher Unternehmungen, die man z. B. in Fachzeitschriften finden oder bei der Industrie- und Handelskammer oder beim Finanzamt erhalten kann.

BGB-Gesellschaft (Gesellschaft bürgerlichen Rechts)
Vertragliche Vereinigung von Personen zur Erreichung eines gemeinsamen Zieles. Pflichten und Rechte der Gesellschafter richten sich nach dem Bürgerlichen Gesetzbuch. Weitere Merkmale: formloser Vertrag, gemeinschaftliche Geschäftsführung und Vertretung, gesamtschuldnerische (persönliche und unbeschränkte) Haftung, Beitragsleistung. Die Geschäftsbezeichnung muss die Familiennamen mit ausgeschriebenem Vornamen für alle Gesellschafter enthalten. BGB-Gesellschaften bestehen häufig nur befristet, z. B. bei gemeinsamer Ausführung von Großaufträgen durch mehrere Bauunternehmer.

Bonität
Finanzielles Ansehen eines Betriebs oder Unternehmens; Kreditwürdigkeit.

Break-even-point
Absatzmenge, bei deren Überschreiten ein Gewinn erzielt wird.

Bürgschaft
Vertrag, in dem sich ein Bürge gegenüber einem Gläubiger, z. B. einer Bank, verpflichtet, für die Erfüllung der Verbindlichkeiten eines Dritten aufzukommen.

Cashflow
Fluss der finanziellen Mittel im Unternehmen.

Darlehen
Mittel- oder langfristige Verbindlichkeiten.

Deckungsbeitrag
Teil des Erlöses, der über die direkt zurechenbaren Kosten hinausgeht und auf diese Weise einen Teil zur Deckung der * **Fixkosten** leistet.

Deutsche Ausgleichsbank (DtA)
Deutschlands führender Anbieter von Existenzgründungsdarlehen. Die DtA bietet u. a. einen kostenlose Vorgründungsberatung an, z. B. durch Info-Telefon (02 28) 8 31-24 01 und (0 30) 8 50 85-41 10, durch Ratgeber (DtA-Bestell-Service; 53170 Bonn) oder in ihren Beratungszentren.

Dienstvertrag
Vereinbarung zur Zusammenarbeit zwischen Auftraggeber und Auftragnehmer. Das kann ein Vertrag über freie Mitarbeit, aber auch ein Arbeitsvertrag sein.

Disagio
Teil eines Kredits (einer Schuldverschreibung, eines Fonds etc.), der gar nicht ausgezahlt wird. Im Falle eines Darlehens erhält der Darlehensnehmer z. B. einen um das D. verminderten Betrag, doch werden Zinsen und Tilgung vom gesamten Darlehensbetrag berechnet. Die laufende Zinsbelastung des Darlehensnehmers wird so zu Lasten einer einmalig am Beginn der Laufzeit fälligen Leistung niedrig gehalten.

Dividende
Betrag, der auf Beschluss der Hauptversammlung pro Aktie ausgeschüttet wird.

Doppelte Buchführung
Bei der doppelten Buchführung wird jeder Geschäftsvorfall zweimal erfasst, sodass sich der Gewinn doppelt ermitteln lässt.

DtA
Siehe Deutsche Ausgleichsbank.

Eidesstattliche Versicherung
Bleibt eine * **Zwangsvollstreckung** erfolglos, so können die Gläubiger verlangen, dass der Schuldner beim Amtsgericht ein vollständiges Vermögensverzeichnis abgibt. Wer eine solche eidesstattliche Versicherung – (abgekürzt e. V.; auch Offenbarungseid genannt) – leistet, gilt als gebrandmarkt, da eine Eintragung bei der Schutzgemeinschaft für allgemeine Kreditsicherung (Schufa) erfolgt. Die Verweigerung einer e. V. kann mit maximal sechs Monaten Haft bestraft werden.

Eigenkapital
Vom Gründer bzw. Eigentümer eines Unternehmens selbst aufgebrachte Mittel, d. h. Bargeld, Sparguthaben, Wertpapiere, aber auch Sachgüter (Immobilien, Maschinen usw.).

Eigenkapitalverzinsung
Soll sich ein Unternehmen lohnen, muss das darin gebundene Eigenkapital einen Ertrag erbringen. Die monatliche E. (EK) berechnet sich folgendermaßen: EK = (eingesetztes EK x Zinssatz für langfristige Einlagen) : 110 x 12.

Einkommensteuer
Einkünfte natürlicher Personen unterliegen der Einkommensteuer, Einkünfte juristischer Personen (z. B. einer GmbH) der Körperschaftsteuer. Die Einkünfte eines Gewerbebetriebs sind gleich dem sich aus dem Jahresabschluss ergebenden Gewinn. Zusammen mit den anderen Einkünften (z. B. aus Kapitalvermögen) müssen diese Einkünfte bei der Einkommensteuererklärung angegeben

werden. Für die Einkommen- und Körperschaftsteuer müssen vierteljährliche Vorauszahlungen geleistet werden, die das Finanzamt nach der Höhe der zu erwartenden Steuerschuld ermittelt. Bei späterer Veranlagung werden diese Zahlungen angerechnet.

Einspruch
In der Regel schriftlich und innerhalb eines Monats einzulegende außergerichtliche Rechtsbehelfe gegen einen Verwaltungsakt, z. B. gegen ein Bußgeld oder einen Steuerbescheid.

Einzelkaufmann
Einzelkaufleute haften mit ihrem gesamten Vermögen, wodurch sie bei Lieferanten und Kunden über einen (nicht immer gerechtfertigten) Vertrauensvorschuss verfügen. Nachteilig sind für den Einzelkaufmann die (im Unterschied zur GmbH oder AG) eingeengten Möglichkeiten der Kapitalbeschaffung, außerdem das hohe Haftungsrisiko.

Factoring
Verkauf der Forderungen an ein externes Unternehmen gegen einen Abschlag auf die Forderungssumme.

Festgeld (Termingeld)
a) Private Bankeinlage mit festgelegtem Rückzahlungstermin, die bis dahin unkündbar ist; Laufzeit mindestens ein Monat. Dafür sind die Zinssätze höher als bei täglich kündbarem Geld.
b) Mit längeren Fristen, z. B. drei Monate, festgelegte Bankeinlagen am Geldmarkt der Börse.

Firma
Name, unter der ein Kaufmann seine Geschäfte betreibt.

Firmenwert
Der bei einer Betriebsübernahme zu bezahlende Firmenwert richtet sich nach Angebot und Nachfrage. Da der Wert bei kleinen Unternehmen stark von der Person des Inhabers abhängt, ist er hier gering. Ein größeres, bei Kunden und Lieferanten gut eingeführtes Unternehmen hat dagegen im Allgemeinen einen höheren Firmenwert.

Fixkosten
Von Produktions- oder Umsatzmenge unabhängige Kosten, z. B. die Miete.

Fortführungsgesellschaften
Siehe Auffanggesellschaft.

Franchising
Vergabe von Lizenzen an Subunternehmer, die in eigener Regie und auf eigene Rechnung Artikel oder Dienstleistungen der Mutterfirma vermarkten. Beispiele für Franchising gibt es u. a. in der Gastronomie.

Freiberufler
Im Unterschied zum Gewerbetreibenden kann beim freiberuflich tätigem Selbstständigen (z. B. Steuerberater, Arzt, Rechtsanwalt) der Geschäftsverkehr nicht aufrechterhalten werden, wenn dieser ausfällt. Es handelt sich hier um besonders qualifizierte Tätigkeiten (z. B. Architekten, Ärzte, Wirtschaftsprüfer, Autoren). Freiberufler unterliegen nicht der Gewerbesteuerpflicht und müssen nur eine einfache Überschussrechnung aufstellen.

Freier Mitarbeiter
Selbstständiger, der aufgrund einer lockeren Kooperationsvereinbarung für ein oder mehrere Unternehmen arbeitet.

Garantieentgelt
Gebühr zur Abdeckung des Ausfallrisikos.

Genossenschaft
Vor allem in der Landwirtschaft verbreitete wirtschaftliche Selbsthilfeorganisation, in der sich gleichberechtigte Personen zu einem gemeinsamen Zweck vereinen. Zur Erlangung der Rechtsfähigkeit einer G. ist ihre Eintragung ins Genossenschaftsregister notwendig. Rein formal handelt es sich dabei um eine ziemlich demokratische ⋆**Rechtsform**: Entscheidend ist die Genossenschaftsversammlung, in der jeder Genosse eine Stimme hat. Aufgrund verschiedener Schwierigkeiten bei der Gründung sind Genossenschaften nicht einmal im alternativen Bereich allzu verbreitet.

Gesellschaft bürgerlichen Rechts
Siehe BGB-Gesellschaft.

Gesellschaft mit beschränkter Haftung
Siehe GmbH.

Gewerbe
Jede erlaubte, selbstständige, auf Erzielung eines privaten Gewinns gerichtete und auf Dauer angelegte Tätigkeit, die nicht Urproduktion (damit Abgrenzung zur Landwirtschaft) oder eine besonders qualifizierte (damit Abgrenzung zu den *Freiberuflern**) Tätigkeit ist.

Gewerbeanmeldung
Zuständig für die Gewerbeanmeldung ist das Gewerbeamt, in manchen Städten auch das Amt für öffentliche Ordnung. Daneben gibt es für Handwerker (und einige andere Branchen) noch eine berufliche Selbstkontrolle. Voraussetzung für eine selbstständige Existenz ist, dass der Gründer den Meisterbrief hat (Umgehungsmöglichkeit: Gründung einer GmbH und Einstellung eines Meisters) und der Betrieb in die Handwerksrolle eingetragen ist.

Vollkaufleute müssen das Unternehmen in das Handelsregister eintragen lassen. Über den Geschäftsbeginn muss auch das Finanzamt informiert werden (geschieht in der Regel automatisch mit der Gewerbeanmeldung), weiterhin die *Berufsgenossenschaft**, das Arbeitsamt und bei Industriebetrieben der Technische Überwachungs-Verein (TÜV).

Gewerbefreiheit
Prinzipiell hat jedermann freien Zugang (nicht unbedingt auch das Recht zur Ausübung, die zusätzlich eingeschränkt sein kann) zu einer gewerblichen Tätigkeit, sofern nicht (wie z. B. im Waffenhandel) ein besonderes Schutzbedürfnis der Öffentlichkeit vorliegt. In diesem speziellen Fall handelt es sich um ein erlaubnispflichtiges Gewerbe.

Gewerbesteuer
Die Gewerbesteuer betrifft den jährlich erzielten Ertrag (Gewerbeertrag) und das im Unternehmen gebundene Kapital (Gewer-

bekapital). Sie ist fällig, wenn die Freibeträge (DM 48 000 Gewerbeertrag nur bei Einzelkaufleuten und Personengesellschaften; DM 120 000 Gewerbekapital) überschritten werden. Auch hier sind vierteljährliche Vorauszahlungen zu leisten.

Gewinn

Betriebsvermögen zum Jahresende abzüglich des Betriebsvermögens zum Jahresbeginn. Hinzu kommen noch die Privatentnahmen abzüglich der Privateinlagen.

GmbH (Gesellschaft mit beschränkter Haftung)

Kapitalgesellschaft mit einem Mindeststammkapital von DM 50 000, wovon die Hälfte bei der Gründung in die Gesellschaft einbezahlt sein muss; der Geschäftsanteil eines Gesellschafters muss mindestens DM 500 betragen. Der Vorteil dieser Rechtsform besteht darin, dass die Haftung auf das Stammkapital beschränkt bleibt. Die GmbH gilt als „juristische Person", d. h. sie muss Steuern – die Körperschaftssteuer wird mit der persönlichen ⋆**Einkommensteuer** der Gesellschafter verrechnet – zahlen und erlischt nicht beim Ausscheiden eines Gesellschafters, dessen Anteil vererbt, verkauft oder übernommen werden kann. Steuerlich kann die Gründung einer GmbH gegenüber einer Personengesellschaft bei höheren Gewinnen von Vorteil sein. Die Geschäftsleitung kann ein Gesellschafter, aber auch ein Angestellter ausüben.

Die Gründung einer GmbH muss notariell beurkundet sein. Der Zusatz „GmbH" muss in allen Fällen der Firmenbezeichnung beigefügt werden. Bei Geschäftsbriefen an einen bestimmten Empfänger erscheint auf dem Geschäftsbriefbogen auch der Sitz der Gesellschaft, das Registergericht des Sitzes der Gesellschaft, die Nummer, unter der die Gesellschaft ins Handelsregister eingetragen ist sowie sämtliche Geschäftsführer mit Familiennamen und ausgeschriebenen Vornamen. Seit der GmbH-Reform vom 1. Januar 1981 kann auch eine Einmann-GmbH gegründet werden.

GmbH & Co. KG

Bei dieser Rechtsform handelt es sich um eine ⋆ **OHG** mit einer GmbH als Hauptgesellschafter oder um eine ⋆ **KG**; in beiden Fällen ist die GmbH der persönlich haftende Gesellschafter. Die ⋆ **Kommanditisten** sind zugleich Gesellschafter der GmbH. Für die Eintragung müssen die Voraussetzungen für eine GmbH- und eine KG-Gründung erfüllt sein; es wird das gleiche Mindestkapital wie bei der GmbH benötigt. Die Vorzüge dieser seltenen und mit Vorbehalten betrachteten Rechtsform bestehen in Haftungsbeschränkungen und Steuererleichterungen (z. B. bei der Vermögensteuer). Nachteilig ist neben der aufwendigen Gründung die geringe Kreditwürdigkeit. Auf Geschäftsbriefen an einen bestimmten Empfänger müssen neben der Rechtsform die entsprechenden Angaben wie bei einer GmbH eingetragen werden.

Handelsregister

Beim Amtsgericht geführtes und für jedermann einsehbares amtliches Verzeichnis der * **Vollkaufleute**, das über den rechtlichen Aufbau eines Unternehmens informiert. Die Eintragung erfolgt über einen Notar. In der Abteilung A des Handelsregisters werden dabei Einzelkaufleute und Personengesellschaften, in der Abteilung B * **Kapitalgesellschaften** geführt. Eingetragen werden u. a. * **Firma**, Sitz und Gegenstand des Unternehmens, Geschäftsinhaber, Gesellschafter, Prokuristen, Vorstand und bei einer AG die Satzung. Die Eintragungen werden veröffentlicht und genießen öffentlichen Glauben. Dies bedeutet, dass die eingetragenen Fakten von Außenstehenden als gültig angenommen werden können, sofern ihnen nichts Gegenteiliges bekannt ist.

Handelsvertreter

Selbstständiger, der für einen Auftraggeber auf Provisionsbasis Aufträge vermittelt und Neukunden gewinnt.

Hausbank

Bank oder Sparkasse, mit der seit längerer Zeit ein regelmäßiger Geschäftskontakt zumindest durch die Führung eines Geschäftskontos besteht.

Humankapital

Qualifikation und Leistungsvermögen der selbstständigen und unselbstständigen Mitarbeiter.

Illiquidität
Zahlungsunfähigkeit.

Insolvenz
Zahlungsunfähigkeit, die zum Konkurs führt.

Kalkulatorische Kosten
Kosten, die – wie die unentgeltliche Arbeitsleistung von Familienmitgliedern – keine Ausgaben beinhalten, aber dennoch zur Rentabilitätsfeststellung bei der betrieblichen Kalkulation berücksichtigt werden müssen.

Kapitalgesellschaften
Im Gegensatz zur * **Personengesellschaft** handelt es sich bei der Kapitalgesellschaft um eine juristische Person, d. h. sie besitzt eigene Rechtsfähigkeit und sie kann klagen und verklagt werden. Für die Beschlussfassung über die Grundsätze der Geschäftspolitik ist die Höhe der Kapitalanteile entscheidend. Arten der Kapitalgesellschaft: * **Aktiengesellschaft** (AG), * **Gesellschaft mit beschränkter Haftung** (GmbH), Kommanditgesellschaft auf Aktien (KGaA), Bergrechtliche Gewerkschaft.

KG
Siehe * **Kommanditgesellschaft**.

Kleingewerbetreibender
Unternehmer, der, da er keinen vollkaufmännisch eingerichteten Geschäftsbetrieb führt, nicht zur * **Handelsregistereintragung** verpflichtet ist (siehe Minderkaufmann).

Körperschaftsteuer
Siehe * **Einkommensteuer**.

Kommanditgesellschaft
* **Personengesellschaft**, bestehend aus mindestens einem * **Komplementär** (Vollhafter) und mindestens einem Kommanditisten (Teilhafter). Die Firma enthält den Namen eines Komplementärs mit einem auf die Gesellschaftsform hinweisenden Zusatz (z. B. Meier & Co. oder Meier KG). Gemäß HGB erhält jeder Gesell-

schafter vom Reingewinn 4 % auf seine Einlage, der Rest wird in einem angemessenen Verhältnis aufgeteilt. Entsprechendes gilt auch für eventuelle Reinverluste. Die Firmenbezeichnung darf nur den oder die Namen der Vollhafter mit einem auf das Gesellschaftsverhältnis hinweisenden Zusatz enthalten.

Kommanditist

Mitglied einer ⋆ **Kommanditgesellschaft**, das im Unterschied zum Komplementär lediglich mit dem Firmenvermögen haftet (Teilhafter).

Kommissionsgeschäft

Die Ware wird, z. B. von einem Einzelhändler, nur versuchsweise übernommen, bleibt also im Eigentum des Verkäufers oder Produzenten (Beispiel: Gebrauchtwagenhandel). Bezahlt wird nur, was tatsächlich verkauft wird. Gerade für neue Firmen stellen solche Kommissionsgeschäfte manchmal die einzige Möglichkeit für einen Marktzugang dar.

Komplementär

Mitglied einer ⋆ **Kommanditgesellschaft**, der im Unterschied zum ⋆ **Kommanditisten** auch mit seinem Privatvermögen für die Verbindlichkeiten der Gesellschaft haftet, die Geschäfte führt und die Firma nach außen vertritt.

Konkurs

Amtlicher Eingriff zur Verwertung noch vorhandener Vermögensreste zur Befriedigung der Gläubiger nach bestimmten Regeln.

Kreditwürdigkeitsprüfung

Überprüfung eines Kreditnehmers durch die kreditgebende Bank zur Feststellung seiner ⋆ **Bonität**. Zusätzlich zur Untersuchung der Konzeption, der Umsatzerwartungen, der Kosten und der Ertragschancen werden dazu auch Wirtschaftsauskunfteien und/oder die „Schutzgemeinschaft für allgemeine Kreditsicherung" (Schufa) bemüht.

Künstlersozialkasse
Gesetzliche Sozialversicherung, bei der speziell freischaffende Künstler zu günstigen Konditionen kranken-, pflege- und rentenversichert werden.

Kunde
Der Kunde trifft die Kaufentscheidung, der Käufer bezahlt. Kunde und Käufer können also auseinander fallen, müssen nicht ein und dieselbe Person sein, z. B. bei Kindern und ihren zahlenden Eltern.

Leasing
Mietkauf; nach Ablauf des Leasing-Vertrags, z. B. für ein Kraftfahrzeug, besteht meist eine Kaufoption für das Objekt.

Lieferantenkredit
Siehe Warenkredit.

Liquidität
Fähigkeit, den Zahlungsverpflichtungen rechtzeitig nachkommen zu können.

Mahnbescheid
Von einem Gläubiger beim Amtsgericht zu beantragende Aufforderung an einen Schuldner, eine fällige Schuld zu begleichen. Dabei wird vom Gericht nicht geprüft, ob dem Gläubiger dieser Anspruch auch tatsächlich zusteht.

Maklertätigkeit
Ein Makler betreibt gewerbsmäßig die Vermittlung von Immobilien, Vermögensanlagen und Darlehen. Dabei handelt es sich um ein erlaubnispflichtiges Gewerbe. Die Genehmigung wird nur bei persönlicher und wirtschaftlicher Zuverlässigkeit der betreffenden Person erteilt.

Marktforschung
Erforschung der für die Möglichkeiten des Absatzes von Waren und Dienstleistungen bedeutungsvollen Aspekte wie z. B. die Untersuchung von Publikumsreaktionen auf bestimmte Werbemaßnahmen, das Aufspüren von Marktlücken oder die Untersuchung von

Gründen eines Nachfragerückgangs bestimmter Produkte. Dazu stützt sich die Marktforschung vor allem auf sozialwissenschaftliche Forschungsmethoden wie Befragungen, Beobachtungen und Tests.

Marktlücke
(Noch) fehlendes Angebot, das von den Konsumenten sowohl gewünscht wird als auch bezahlt werden kann.

Mehrwertsteuer
Siehe *****Umsatzsteuer**.

Minderkaufmann
Inhaber eines Unternehmens, das nach Art und Umfang keinen vollkaufmännisch eingerichteten Geschäftsbetrieb erfordert, z. B. mit Umsätzen unter DM 200 000 im Jahr für einen Dienstleistungsbetrieb und unter 400 000 für einen Industriebetrieb.

Nachschusspflicht
Beschränkte oder unbeschänkte Verpflichtung der Eigentümer bestimmter Gesellschaften, auf ihre Beteiligungen ggf. Nachzahlungen zu leisten.

Offenbarungseid
Siehe *****eidesstattliche Versicherung**.

Offene Handelsgesellschaft (OHG)
Personengesellschaft mit mindestens zwei Personen, die ein Handelsgewerbe unter einer gemeinsamen *****Firma** betreiben. Die Pflichten der Gesellschafter sind: a) Pflicht zur Geschäftsführung, b) unmittelbare, unbeschränkte, gesamtschuldnerische und persönliche Haftung gegenüber Dritten, c) gesetzliches Wettbewerbsverbot. Ihnen stehen bestimmte Rechte gegenüber: a) Geschäftsführungsrecht, b) Vertretungsrecht, c) Recht auf Privatentnahmen, d) Recht auf Gewinn, e) Recht auf Kündigung. Um eine OHG gründen zu können, müssen bestimmte Mindestumsätze erreicht werden. Die Bezeichnung der Firma muss den Namen eines Gesellschafters mit einem das Gesellschaftsverhältnis andeutenden Zusatz oder die Namen aller Gesellschafter enthalten.

Opportunitätskosten
Kosten für einen entgangenen Gewinn. Legt man sein Kapital in einem Betrieb an, so entgehen einem die Zinseinnahmen, die man hätte, wenn man dieses Geld verleihen würde. Opportunitätskosten beschränken sich nicht auf den wirtschaftlichen Bereich: Jede getroffene Entscheidung beinhaltet einen Verzicht auf Alternativen und damit Opportunitätskosten.

Option
Vorkaufsrecht.

Passiva
Verbindlichkeiten eines Unternehmens; siehe auch ⋆ **Aktiva**.

Personengesellschaft
Zusammenschluss von mindestens zwei Personen zur Erreichung eines (wirtschaftlichen) Zwecks. Als Personengesellschaften gelten ⋆ **Gesellschaften des bürgerlichen Rechts** (BGB-Gesellschaften), ⋆ **offene Handelsgesellschaften** (OHG), ⋆ **Kommanditgesellschaften** (KG) und ⋆ **Stille Gesellschaften**.

Prokura
Geschäftliche Vollmachten bis zur vollen Vertretung der Firma.

Rechtsform
Juristisches „Kleid" eines Unternehmens. Bei der Rechtsform wird grundsätzlich zwischen Personengesellschaften (⋆ **Einzelkaufmann**, ⋆ **BGB-Gesellschaften**, ⋆ **Stille Gesellschaft**, ⋆ **Offene Handelsgesellschaft** und ⋆ **Kommanditgesellschaft**) und Kapitalgesellschaften (u. a. ⋆ **GmbH**, ⋆ **Aktiengesellschaft**, ⋆ **Genossenschaft**) unterschieden. Kriterien für die Rechtsform sind Haftung, Gewinn-und-Verlust-Beteiligung, steuerliche Belastung, Leitungsbefugnis, Publizitätszwang und Kosten der Rechtsform.

Reisegewerbe
Geschäft ohne feste Betriebsstätte, z.B. Haus-zu-Haus-Verkauf oder mobiler Verkaufsstand. Für ein Reisegewerbe ist im Allgemeinen – Ausnahme: Standort auf Wochenmärkten oder Ausstellungen – eine Reisegewerbekarte notwendig, die man – unter Vor-

lage eines polizeilichen Führungszeugnisses – beim Gewerbe- bzw. Wirtschafts- und Ordnungsamt beantragen kann.

Rentabilität
Profitträchtigkeit des Unternehmens.

Return on investment
Verhältnis vom Gewinn zum investierten Kapital.

Risikofinanzierung
Ohne besondere Sicherheit, nur auf den erwarteten Erfolg hin vergebene Kredite. Für Betriebsgründer kommen sie kaum infrage.

Risikolebensversicherung
Versicherung, die, im Unterschied zur Kapitallebensversicherung, ausschließlich der finanziellen Vorsorge gegen das finanzielle Risiko eines vorzeitigen Todesfalles dient. Die eingezahlten Beiträge sind also für den Einzahler verloren.

Schwarzarbeit
Schwarzarbeit übt aus, wer Dienst- oder Werkleistungen erbringt ohne die nötigen öffentlich-rechtlichen Mitwirkungs- oder Anzeigepflichten z. B. gegenüber Gewerbe-, Arbeits- oder Finanzamt zu erfüllen. Bei Dienst- und Werkleistungen aus Gefälligkeit, Nachbarschaftshilfe oder Selbsthilfe, z. B. wenn jemand dem Nachbarn die Wohnung tapeziert, liegt keine illegale Beschäftigung vor.

Steuern
Von Bund, Ländern und Gemeinden aufgrund von Steuergesetzen erhobene Forderungen, die nicht – im Unterschied zu Gebühren – für besondere Gegenleistungen entrichtet werden.

Stille Gesellschaft
* **Gesellschaft des bürgerlichen Rechts**, bei der sich eine Person an einem Einzelunternehmen oder einer Handelsgesellschaft beteiligt. Der mit seiner Einlage haftende Teilhaber hat Anspruch auf einen Gewinnanteil. Die stille Gesellschaft ist nicht ins Handelsregister eingetragen und tritt außerdem nach außen hin nicht in Erscheinung.

Stille Reserve
Teil des tatsächlichen Wertes, z. B. einer Maschine, der den Buchwert übersteigt; siehe * **Abschreibung**.

Stiller Teilhaber
Partner in einer * **Stillen Gesellschaft**, der eine Einlage auf das Kapitalkonto des Unternehmens übernimmt. Der Stille Teilhaber erhält einen Gewinnanteil und haftet nicht für die Verbindlichkeiten des Unternehmens. Im Konkursfall hat er gegenüber dem Inhaber des Unternehmens einen Anspruch als Gläubiger: Von der Geschäftsführung ist er ausgeschlossen.

Strukturvertrieb
Eine Unternehmensidee, von der im Allgemeinen abzuraten ist. Meist handelt es sich dabei um von nebenberuflichen und selbstständigen Vertretern erbrachte Angebote von Finanz- und Versicherungsdienstleistungen. Das Kennzeichen eines Strukturvertriebs sind mehrere Hierarchiestufen. Der neu angeworbene Vertreter fängt dabei – nach einer mehr oder weniger wertlosen, weil nur auf das jeweilige Produkt bzw. die Dienstleistung abgestimmten Schulung – auf der untersten Stufe als „Klinkenputzer“ an, indem er versucht, neue Verträge vorzugsweise im Freundes- und Bekanntenkreis zu verkaufen. Bewährt er sich, kann er im Laufe der Zeit auf eine höhere Ebene aufsteigen und verdient dann an jedem Vertrag mit, den ein neu angeworbener Vertreter auf der unteren Ebene abschließt.

Dahin gelangen jedoch die Wenigsten. Es kann durchaus sein, dass sich die Sache zunächst ganz gut anlässt, sodass man versucht ist, die erst nur nebenberufliche Tätigkeit hauptberuflich auszuüben. Hat man jedoch sein näheres Umfeld „abgegrast“, wird es schwieriger und man muss erheblich mehr Zeit investieren und Enttäuschungen einstecken – und letztendlich ist man dann nicht mehr als ein Vertreter ohne soziale Absicherung.

Subsidiaritätsprinzip
Eine übergeordnete Instanz tritt erst dann unterstützend auf, wenn die untergeordnete Instanz ihre Aufgabe nicht mehr erfüllen kann. Erst wenn z. B. die Kinder nicht mehr in der Lage sind, für ihre Not leidenden Eltern aufzukommen, wird Sozialhilfe gewährt.

Subunternehmer
Selbstständiger, der für seinen Auftraggeber ein klar abgegrenztes Projekt durchführt, z. B. Errichtung eines Rohbaus, Entwickeln eines bestimmten Computerprogramms.

Testmarkt
Teilmarkt, auf dem bestimmte Maßnahmen (z. B. Werbekampagnen, Verpackungen, Preise) auf ihre Akzeptanz bei den Kunden geprüft werden können.

Überschuldung
Eine Überschuldung liegt dann vor, wenn die Verbindlichkeiten das Vermögen übersteigen.

Umlaufvermögen
Teil des Vermögens, der den Betrieb nur durchläuft und zum Verkauf oder Verbrauch bestimmt ist, z. B. Rohstoffe.

Umsatz
Erlös der verkauften Produkte.

Umsatzsteuer/Mehrwertsteuer
Jede Warenlieferung und Dienstleistung wird derzeit mit 16 % besteuert; ein ermäßigter Steuersatz von 7 % gilt für die meisten Lebensmittel, Bücher und andere Artikel.

Diese Umsatzsteuer muss bei Lieferung und Leistungen an den Endverbraucher im Rechnungsbetrag enthalten sein. Gewerbetreibende können die ihnen von anderen Unternehmen in Rechnung gestellte Umsatzsteuer als sog. * **Vorsteuer** von ihrer eigenen Umsatzsteuer abziehen. Beträgt die Umsatzsteuerschuld des Vorjahres weniger als DM 6 000, so reicht eine vierteljährliche Voranmeldung und Bezahlung aus; andernfalls müssen die Beträge monatlich vorangemeldet und abgeführt werden. Die Umsatzsteuer-Vorauszahlungen für den vergangenen Voranmeldungszeitraum sind auf eigenen Vordrucken selbst zu berechnen. Für die Umsatzbesteuerung müssen dabei folgende Aufzeichnungen gemacht werden (sofern nicht ohnehin die volle Buchführungspflicht besteht): Für Lieferungen und sonstige Leistungen erhaltene Entgelte getrennt nach Steuersätzen und steuerpflichtigen und steuerfreien

Umsätzen, Zahlungen für empfangene Lieferungen und Leistungen sowie die darauf entfallene Vorsteuer. Beispiel: Ein Betrieb hat innerhalb eines bestimmten Zeitraums einen Umsatz von DM 100 000 erzielt, wofür er seinen Kunden DM 16 000 Umsatzsteuer in Rechnung stellt. Die Lieferanten dieses Betriebs haben für ihre Lieferung DM 9 000 Umsatzsteuer ausgewiesen. Somit sind von dem Betrieb DM 7 000 abzuführen.

Umschlaggeschwindigkeit

Zeit, in der ein Warenlager verkauft ist. Beträgt z. B. der Lagerbestand durchschnittlich DM 80 000 und wird pro Jahr ein Umsatz von DM 1 600 000 erzielt, so wird das Warenlager rechnerisch jährlich 20-mal umgeschlagen. Bei 360 Tagen im Jahr kommt man damit auf eine Umschlaggeschwindigkeit von 360 : 20 = 18 Tagen.

Unternehmen

Im Markt stehende, selbstständig entscheidende rechtliche, wirtschaftliche und finanzielle Einheit mit eigenem Vermögen und eigener Haftung.

Variable Kosten

Im Unterschied zu den * **Fixkosten** variieren die variablen Kosten mit der Produktions- oder Umsatzmenge (z. B. Kosten für zu verarbeitetes Material, Energiekosten).

Venture Capital

Die Kreditvergabe ist in der Regel vom Vorhandensein beleihungsfähiger Sicherheiten (z. B. Immobilien) abhängig. Um Erfolg versprechenden Gründern ohne solche Sicherheiten eine Existenzgründung zu ermöglichen, können sie Risiko- oder Wagniskapital als haftendes Eigenkapital (etwa in Form der * **Stillen Gesellschaft**) beantragen.

Vollkaufmann

Selbstständiger Gewerbetreibender, dessen Geschäftsbetrieb (im Gegensatz zum * **Minderkaufmann**) über den Rahmen des Kleingewerbetreibenden oder Handwerkers hinausgeht und eine kaufmännische Organisation erfordert. Der jährliche Umsatz muss dabei mehr als DM 150 000 (Dienstleistungsumsatz) bzw.

DM 300 000 (Handelsumsatz) betragen. Vollkaufleute sind zur Handelsregistereintragung verpflichtet. Vorschriften des Handelsgesetzbuch sind auf sie in vollem Umfang anwendbar.

Vollstreckungsbescheid

Kommt ein Schuldner der Forderung eines Gläubigers nicht nach und legt keinen (rechtzeitigen) Widerspruch gegen einen gerichtlichen *** Mahnbescheid** ein, so wird ihm auf Antrag des Gläubigers ein Vollstreckungsbescheid zugestellt, der neben der ursprünglichen Forderung auch die zwischenzeitlich angefallenen Kosten und Gebühren umfasst. Dagegen kann innerhalb von zwei Wochen, von der Zustellung an gerechnet, schriftlich Widerspruch eingelegt werden. Wird der Vollstreckungsbescheid durch den Gerichtsvollzieher zugestellt, kann dieser sofort nach der Zustellung eine *** Zwangsvollstreckung** durchführen.

Vorlaufkosten

Noch vor der Gewerbeanmeldung anfallende Kosten für eine Unternehmensgründung.

Vorsteuer

Siehe *** Umsatzsteuer**; Steuerbeträge, die ein Unternehmer selbst auf seine Investitionen und Kosten bezahlen muss. Diese Vorsteuer wird von der an das Finanzamt abzuführenden Umsatzsteuer abgezogen.

Warenkredit (Lieferantenkredit)

Kredit, der dadurch entsteht, dass der Lieferant nicht sofortige Bezahlung fordert. Warenkredite sind jedoch sehr teuer, da auch ein Barzahlungsrabatt nicht genutzt werden kann, aber kalkulatorisch berücksichtigt werden muss.

Werbeträger

Medium für die Werbung, z. B. Zeitung, Fernsehen, Radio, Handzettel.

Werbung

Gesamtheit von Maßnahmen, die die Aufmerksamkeit des Publikums auf bestimmte Waren- und Dienstleistungsangebote zwecks

Nachfrageerzeugung bzw. Nachfragesteigerung lenken. Dazu gehören Anzeigen in Zeitungen, Fachzeitschriften und Illustrierten, Prospekte, Plakate, Film-, Fernseh- und Hörfunkwerbung. Befürworter der Werbung weisen u. a. auf ihren Beitrag zur Information des Verbrauchers und zur wirtschaftlichen Entwicklung hin, doch mehren sich die Stimmen, die Sinn, Zweck und mitunter zweifelhafte Mittel der Werbung kritisieren (z. B. provokative, manipulative und suggestive Werbung anstelle sachlicher Produktinformation).

Zahlungsbefehl
Gerichtliche Mahnung an einen Schuldner, eine bestimmte Geldsumme innerhalb einer Frist von höchstens einer Woche zu bezahlen. Dazu muss der Gläubiger mithilfe eines entsprechenden Formulars beim zuständigen Amtsgericht einen Antrag stellen. Nach der Zustellung kann der Schuldner entweder bezahlen oder Widerspruch einlegen; dann wird auf Antrag ein Gerichtstermin festgesetzt. Oder er unternimmt nichts. In diesem Fall muss dann der Gläubiger den Zahlungsbefehl für vollstreckbar erklären lassen.

Zeitwert
Wert eines Gegenstandes am Tag seiner Bewertung, d. h. beim Jahresabschluss von Unternehmungen am Bilanzstichtag. Güter des Anlagevermögens dürfen nur zum Zeitwert bilanziert werden, das sind die um die Abschreibungsbeträge verminderten Anschaffungskosten.

Zielgruppe
Für ein Unternehmen interessante Käufergruppe, auf die die Werbemaßnahmen abzustellen sind.

Zwangsvollstreckung
Staatlich erzwungene Befriedigung eines Gläubigeranspruchs aufgrund eines vollstreckbaren Titels.

Literaturhinweise

Arnold, J.: Existenzgründung. Von der Idee zum Erfolg! 3., aktualisierte Auflage. Würzburg: Schimmel 1999

Bach, W./Kilian, U.: Sicher in die Selbständigkeit. 5. Aufl., Planegg 1996 (= WRS-Ratgeber)

Brüderl, Josef/Preisendörfer, Peter/ Ziegler, Rolf: Der Erfolg neugegründeter Betriebe. Eine empirische Studie zu den Chancen und Risiken von Unternehmensgründungen. Berlin 1996

Bundesanstalt für Arbeit (Hrsg.): Informationen für Existenzgründerinnen und Exsitenzgründer. Nürnberg 1999 (Ihre berufliche Zukunft, Heft 9)

Bundesministerium für Wirtschaft (Hrsg.): Unternehmensnachfolge. Der richtige Zeitpunkt – Optimale Nachfolgeplanung. Bonn 1997

Bundesministerium für Wirtschaft und Technologie: Junge Unternehmen. Probleme und Lösungen bei der Existenzfestigung. 4. Aktualisierte und neugestaltete Ausgabe. Bonn 1998

Bundesministerium für Wirtschaft und Technologie. Starthilfe. Der erfolgreiche Weg in die Selbstständigkeit. 13. Aufl. Bonn 1999

Bundesministerium für Wirtschaft und Technologie: ERP. Wirtschaftsförderung für den Mittelstand. Bonn 1999

Bundesministerium für Wirtschaft und Technologie: Wirtschaftliche Förderung. Hilfen für Investitionen und Innovationen. Bonn 1999

Bundesministerium für Wirtschaft, Referat Öffentlichkeitsarbeit (Hrsg.): Chancen und Risiken der Existenzgründung. Materialsammlung zum Fachkongress „Existenzgründungsberatung" des Bundesministeriums für Wirtschaft am 13. September 1995 in Dresden. Bonn 1996 (= BMWI-Dokumentation Nr. 392)

Deutsche Ausgleichsbank: Wir fördern Existenzgründungen, Umweltschutz und neue Technologien. Bonn-Bad Godesberg: DtA 1999

Emge, H.: Wie werde ich Unternehmer? und die knallharte Antwort für 15 DM. 12., völlig überarbeitete und erweiterte Auflage. Reinbek bei Hamburg 1999

Franchise-CD-ROM, mit 2000 Geschäftsideen und 700 Franchisegeber-Profilen. Zu beziehen über den Geschäftswelt Versandservice, Weidangerstr. 45, 83365 Nußdorf

Hepp, M.: Jetzt mache ich meinen eigenen Laden auf. Landsberg am Lech: mvg 1997

Kanarek, Lisa: 101 Tips für Existenzgründer. München 1996

Kaufmann, Gabriele/Meissner, Martina/Meyer, Wolfgang: Existenzgründung. Rechtliche Voraussetzungen und betriebswirtschaftliche Hilfen. Reinbek bei Hamburg 1996

Kirschbaum, G./Naujoks, W.: Erfolgreich in die berufliche Selbstständigkeit. 6. Aufl. Freiburg i. Br. 1996

Kirst, U. (Hrsg): Selbständig mit Erfolg. Wie Sie Ihr eigenes Unternehmen – gründen – aufbauen – sichern. 4. aktualisierte und erweiterte Auflage. Köln: Deutscher Wirtschaftsdienst 2000

Müller-Michaelis, Matthias: Existenzgründung. Vom Arbeitnehmer zum Unternehmer. München 1996

Opoczynski, M./Fausten, W.: Existenzgründung. Ein Ratgeber der ZDF-Wirtschaftsredaktion. Wien: Ueberreuter 1998

Einige wichtige Zeitungen und Zeitschriften

- Absatzwirtschaft
- Capital
- Chef
- Deutsche Handwerks-Zeitung
- Die Geschäftsidee (siehe Verlag für die deutsche Wirtschaft AG)
- Handelsblatt
- handwerk magazin
- Impulse
- iwd – Informationsdienst der deutschen Wirtschaft
- Internationales Gewerbearchiv
- Markt und Mittelstand
- Planung und Analyse
- pro firma
- Wirtschaftswoche
- Wirtschaft und Statistik

Adressen

Adressenangaben unterliegen ständigen Veränderungen, sodass trotz des Bemühens um Aktualität keine Gewähr für die Richtigkeit der Informationen übernommen werden kann.

Aktivsenioren Bayern e.V., Thierschstr. 17, 80538 München, Tel. (0 89) 22 22 37

Alt hilft jung e.V., Kennedyallee 62–70, 53175 Bonn, Tel. (02 28) 88 92 36, Fax (02 28) 8 89-3 48, Internet: www.alt-hilft-jung.w3d.de

Arbeitsgemeinschaft Deutscher Technologie- und Gründerzentren e.V. (ADT), Rudower Chaussee 29, 12489 Berlin, Tel. (0 30) 63 92-62 21, Fax (0 30) 63 92-62 22, Internet: www.adt-online.de

BBE-Bayern Unternehmensberatung für den bayerischen Handel GmbH, Briennerstr. 45, 80333 München, Tel. (0 89) 5 51 18-1 44; Sandstr. 29, 90443 Nürnberg, Tel. (09 11) 20 35 88

Betriebswirtschaftliche Beratungsstelle für den Einzelhandel GmbH (BBE-Unternehmensberatung), Lothringer Str. 56–68, 50677 Köln, Tel. (02 21) 33 97-1

Bundesministerium für Bildung, Wissenschaft, Forschung und Technologie (BMBF), Heinemannstr. 2, 53175 Bonn, Tel. (02 28) 5 70, Fax: (02 28) 57 36 01, Internet: www.bmbf.de

Bundesminsterium der Finanzen, Graurheindorfer Str. 108, 53117 Bonn, Tel. (02 28) 6 82-0

Bundesministerium für Wirtschaft und Technologie (BMWI), Referat Öffentlichkeitsarbeit, 11019 Berlin,
– Bürgertelefon für Exsistenzgründung (0 30) 20 14-76 48/49
– Bestelladresse: Postfach 300265, 53182 Bonn, Tel. (02 28) 6 15-0, Fax (02 28) 42 23-4 62, Internet: www.bmwi.de

Bundesverband der Frau im freien Beruf und Management e.V., Monheimsallee 21, 52062 Aachen, Tel. (02 41) 4 01 84 58, Fax (02 41) 4 01 84 63

Bundesverband der Freien Berufe (BFB), Godesberger Allee 54, 53175 Bonn, Tel. (02 28) 37 66 35

Bundesverband der Wirtschaftsberater, Schützenweg 3, 73087 Bad Boll, Tel. (0 71 64) 41 22

Bundesverband des Deutschen Textileinzelhandels e.V., Sachsenring 89, 50677 Köln, Tel. (02 21) 33 69 90

Bundesverband des Güterkraftverkehrs und Logistik (BGTL) e.V., Breitenbachstr. 1, 60487 Frankfurt a.M., Tel. (0 69) 79 19-0, Fax (0 69) 79 19-2 65

Bundesverband Deutscher Galeristen e.V., Helenenstr. 2, 50677 Köln, Tel. (02 21) 2 57 49 39

Bundesverband Deutscher Unternehmensberater e.V. (BDU), Friedrich-Wilhelm-Str. 2, 53113 Bonn, Tel. (02 28) 23 80 55

Bundesversicherungsanstalt für Angestellte (BfA), Ruhrstr. 2, 10709 Berlin, Tel. (0 30) 8 65-1

BUS-Betreuungsverbund für Unternehmen und Selbständige e.V., Grillparzerstr. 38, 81675 München, Tel. (0 89) 47 30 04

CHANGE/CHANCE (Gemeinschaftsinititative des Deutschen Industrie-und Handelstages, des Zentralverbands des Deutschen Handwerks und der Deutschen Ausgleichsbank zur Unterstützung des Generationswechsels in kleinen und mittleren Unternehmen), Tel. (0 30) 8 50 85-41 14, Internet: www.change-online.de

Datenbank Genios (Informationen zur Konkurrenz- und Marktbeobachtung), Internet: www.genios.de

Deutsche Ausgleichsbank (DtA), Ludwig-Erhard-Platz 1–3, 53170 Bonn, Tel. (02 28) 8 31-0, Fax (02 28) 8 31-23 30, Faxabruf für Konditionen (02 28) 8 31-33 00, Internet: www.dta.de

Deutsche Gesellschaft für Wagniskapital mbH, Fleethörn 29–31, 24103 Kiel, Tel. (04 31) 9 00 03

Deutscher Franchise-Verband e.V. (DFV), Paul-Heyse-Str. 33–35, 80336 München, Tel. (0 89) 53 50 27, Fax (0 89) 53 13 23, Internet: www.dfv.de

Deutscher Handwerkskammertag (DHKT), Zentralverband des Deutschen Handwerks (ZDH), Abt. Gewerbeförderung – Leitstelle, Johanniterstr. 1, 53113 Bonn, Tel. (02 28) 54 51

Deutscher Hotel- und Gaststättenverband, Kronprinzenstr. 46, 53173 Bonn, Tel. (02 28) 8 20 08-0

Deutscher Industrie- und Handelstag (DIHT), Adenauerallee 148, 53113 Bonn, Tel. (02 28) 1 04-0, Fax (02 28) 1 04-1001 oder 104-2222, Internet: www.diht.de
Zusätzlich dazu hat der DIHT im Internet spezielle Börsen eingerichtet:
– Existenzgründung; Betriebsübergabe, Betriebsübernahme: www.ulm.ihk.de./ihk/edb.html
– Kooperationsbörse: www.ulm.ihk.de/ihk/kdb.html
– Sachverständige: www.infoline.ihk.de/svv
– Technologiebörse: www.ulm.ihk.de/ihk/tdb.html

Deutscher Journalistenverband (DJV), Bennauer Str. 60, 53115 Bonn, Tel. (02 28) 22 29 71-8

Deutscher Reisebüro-Verband e.V. (DRV), Mannheimer Str. 15, 60329 Frankfurt a. M., Tel. (0 69) 2 73 90 70

Deutscher Wirtschaftsdienst, Marienburger Str. 22, 50968 Köln, Tel. (02 21) 3 76 95-0

Deutsches Gründerinnen Forum e.V. (DGF), Linienstr. 138, 10115 Berlin, Tel. (0 33 62) 54 45, Fax (0 30) 2 83 22 52, Internet: www.zfw.de/dgfhome

Fördergesellschaft des BDS-DGV mbH für die gewerbliche Wirtschaft und Freie Berufe, August-Bier-Str. 18, 53128 Bonn, Tel. (02 28) 21 00 33-34, Fax (02 28) 21 18 24, Internet: www.bds-dgv.de/förderungsgesellschaft

Frauen-Netzwerk, Internet: www.woman.de/frauimnetz/netzwerk

Gesamtverband der Deutschen Versicherungswirtschaft e.V., Ebertplatz 1, 50668 Köln, Tel. (02 21) 91 62-0
Gesellschaft zur Förderung des Deutschen Hotel- und Gaststättengewerbes mbH (INTERHOGA) – Koordinierungsstelle der Betriebsberatungsgesellschaften, Kronprinzenstr. 46, 53173 Bonn, Tel. (02 28) 36 20 16-19
Gewerbeförderungsgesellschaft des Bundesverbandes der Selbstständigen mbH, Coburger Str. 1a, 53113 Bonn, Tel. (02 28) 23 20 26-28
GfH – Gesellschaft für Handelsberatung mbH, Max-Joseph-Str. 4, 80333 München, Tel. (0 89) 55 77 01 oder (0 89) 59 44 31
Hauptgemeinschaft des Deutschen Einzelhandels e.V., Sachsenring 89, 50677 Köln, Tel. (02 21) 33 98-0
HOGA – Hotel- und Gaststättenberatungs GmbH, Seidlstr. 30, 80335 München, Tel. (0 89) 59 84 12-16
IDEX e.V., 33758 Schloß Holte, Tel. (0 52 07) 92 13 24, Internet: www.idex.de (Dienstleistungsprogramm u. a.: Kostenpflichtige Recherche nach Fördermitteln)
IHK-Gesellschaft zur Förderung der Außenwirtschaft und der Unternehmensführung mbh, Schönholzerstr. 10/11, 13187 Berlin, Tel. (0 30) 4 88 06-2 12/-2 14, Fax (03 03) 4 88 06-2 32
Industrie- und Handelskammern sind jeweils für bestimmte Regionen zuständig. Die Adressen finden Sie in Ihrem Telefonbuch. Sie können sich aber auch an die Telefonauskunft wenden.
Institut der deutschen Wirtschaft e. V., Gustav-Heinemann-Ufer 84-88, 50968 Köln, Tel. (02 21) 37 08-01
Interhoga, Internationaler Hotel- und Gaststättenverband, Kronprinzenstr. 46, 53173 Bonn, Tel. (02 28) 8 20 08-0
Kapitalbeteiligungsgesellschaft für die mittelständische Wirtschaft Bayerns mbH, St.-Anna-Str. 15, 80538 München, Tel. (089) 2124-0
Kreditanstalt für Wiederaufbau, Palmengartenstr. 5–9, 60325 Frankfurt a. M., Tel. (069) 74310, Fax (069) 7431-2944, Internet: www.kfw.de
Künstlersozialkasse/Landesversicherungsanstalt Oldenburg-Bremen, Langeoogstr. 12, 26384 Wilhelmshaven, Tel. (0 44 21) 30 80
Lastenausgleichsbank, Wielandstr. 4, 53173 Bonn, Tel. (02 28) 8 31-4 00
Leitstelle für Gewerbeförderungsmittel des Bundes, Gothaer Allee 2, 50969 Köln, Tel. (02 21) 36 25 17, Fax (02 21) 36 25 12, Internet: www.leitstelle.org
Online-Akademie für Existenzgründer und Jungunternehmer (BMWi und FOCUS-Online), Internet: www.focus.de/existenzgruendung
Partnerschaftskapital-Agentur der DtA, Sarrazinstr. 11–15, 12159 Berlin, Tel. (0 30) 8 50 85-0, Fax (0 30) 8 50 85-2 99
Rationalisierungs-Kuratorium der Deutschen Wirtschaft (RKW) e. V. Beratungsdienst, Düsseldorfer Str. 40, Postfach 5867, 65760 Eschborn, Tel. (0 61 96) 49 51, Fax (0 61 96) 4 95-3 03, Internet: www.rkw.de (dort erhalten Sie auch die RKW-Adresse Ihres Bundeslandes)

Schöne Aussichten – Verband freiberuflich tätiger Frauen e.V., Gereonshof 36, 50670 Köln, Tel. (02 21) 91 28 07 80, Fax (02 21) 91 28 07 90

Taylorix Fachverlag Stiegler & Co, Mönchstr. 29, 70191 Stuttgart, Tel. (07 11) 87 07-1 91

Unternehmensberatung für die Wirtschaft GmbH (UbW), Landgrafenstr. 16, 10787 Berlin, Tel. (0 30) 2 61 18 26

Verband deutscher Freizeitunternehmen, Mittlerer Steinbachweg 2, 97082 Würzburg, Tel. (09 31) 7 63 92

Verband deutscher Unternehmerinnen e. V., Gustav-Heinemann-Ufer 94, 50968 Köln, Tel. (02 21) 37 50 74

Verband beratender Ingenieure (VBI), Zweigertstr. 37–41, 45130 Essen 1, Tel. (02 01) 79 20 44

Verband der Betriebsberater in der Handwerksorganisation (VdB), Rennwegerring 3, 97070 Würzburg, Tel. (09 31) 5 01 16

Verband der Landwirtschaftskammern, Betriebswirtschaftlicher Beratungsdienst, Godesberger Allee 142–148, 53175 Bonn, Tel. (02 28) 37 50 67

Verband unabhängig beratender Ingenieurfirmen e. V. (VUBI), Winston-Churchill-Str. 1, Postfach 120464, 53113 Bonn, Tel. (02 28) 21 70 64

Vereinigung des Ambulanten Gewerbes und der Schausteller, Adenauerallee 48, 53113 Bonn, Tel. (02 28) 22 40 26

Vereinigung beratender Betriebs- und Volkswirte (VBV) e. V., Hostenstr. 15, 25335 Elmshorn, Tel. (0 41 21) 2 52 52

Verlag Norman Rentrop/Fachverlag für Unternehmensaufbau, Theodor-Heuss-Str. 4, 53177 Bonn, Tel. (02 28) 82 05-0

Virtuelles Gründerzentrum der Deutschen Ausgleichsbank (DtA), Internet: www.gruenderzentrum.de

Wirtschaftsjunioren Deutschland (WJD), Adenauerallee 148, 53113 Bonn, Tel. (02 28) 1 04-5 14, Fax (02 28) 5 45-2 05, Internet: www.wjd.de

Zentralarbeitsgemeinschaft des Straßenverkehrsgewerbes e.V., Haus des Straßenverkehrs, Breitenbachstr. 1, 60487 Frankfurt a. M., Tel. (0 69) 77 57 19

Zentralverband des Deutschen Handwerks (ZDH), Mohrenstr. 19–21, 10117 Berlin, Tel. (0 30) 20 61 90, Fax (0 30) 2 06 19-4 60, Internet: www.zdh.de

Register